U0964065

LUMINAIRE

光启

守望思想　逐光启航

皇帝与国王

足利义满和他的时代

康昊 著

上海人民出版社 LUMINAIRE BOOKS 光启书局

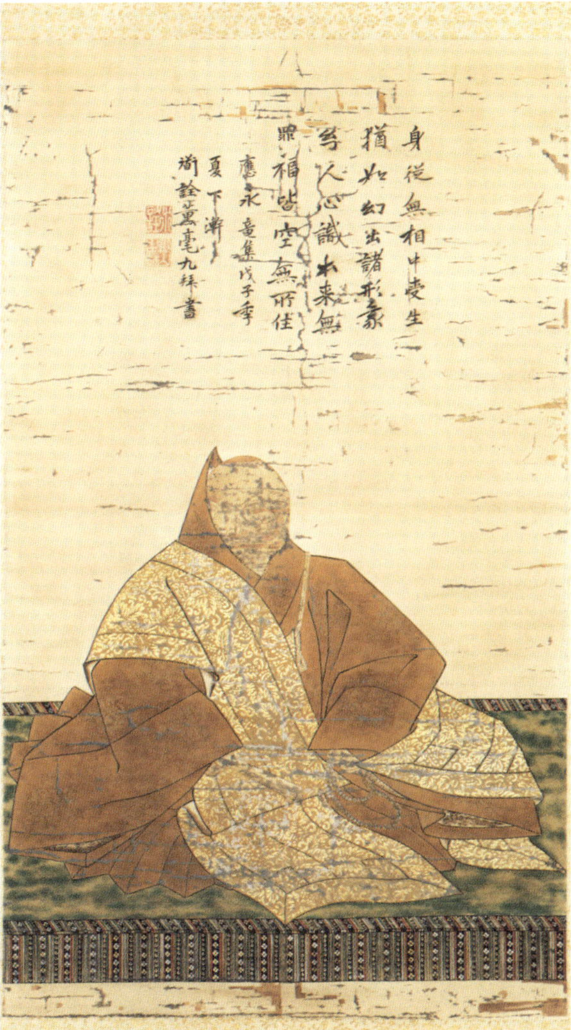

图 1　足利义满像

（鹿苑寺藏）

图 2　足利义满像

（绢本着色，鹿苑寺藏）

图 3　足利义满像

（相国寺藏）

图 4　细川赖之像

（地藏院藏）

图 5　二条良基像

（同志社大学历史资料馆藏）

图 6　明成祖像

（台北故宫博物院藏）

图 7　李成桂像

图 8　春屋妙葩像
（绢本着色，慈照寺藏）

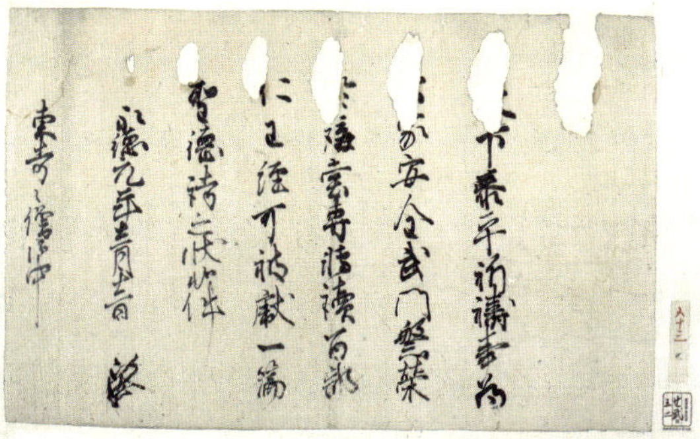

图 9 《足利义满御判御教书》（东寺百合文书，京都府立京都学 历彩馆藏）

图 10 《洛中洛外图屏风（上杉本）》中的祇园祭

图 11　现存的鹿苑寺金阁（通称金阁寺）

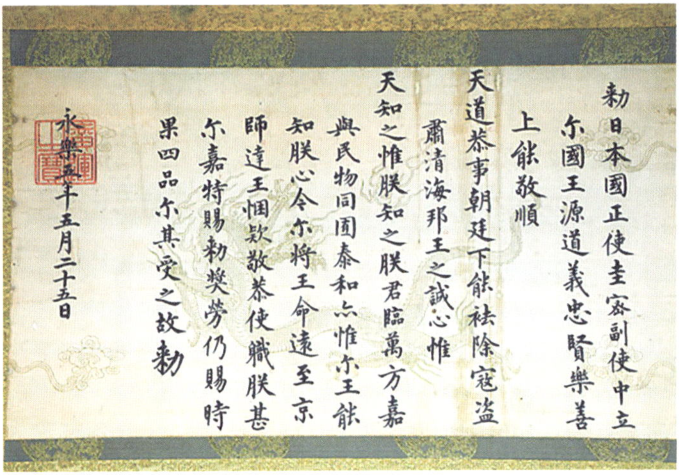

勅日本國正使圭密副使中立
尒國王源道義忠賢樂善
上能敬順
天道恭事朝廷下能袪除寇盜
肅清海邦王之誠心惟
天知之惟朕知之朕君臨萬方嘉
與民物同囿泰和亦惟尒王能
知朕心令尒將王命遠至京
師達王悃款敬恭使職朕甚
尒嘉特賜勅奬勞仍賜時
果四品尒其受之故勅
永樂五年五月二十五日

图 12　永乐帝勅书

（相国寺藏）

图 13　永乐通宝铜钱

图 14　宋徽宗《桃鸠图》
曾为足利义满所藏

图 15　足利义持像

（绢本着色，神护寺藏）

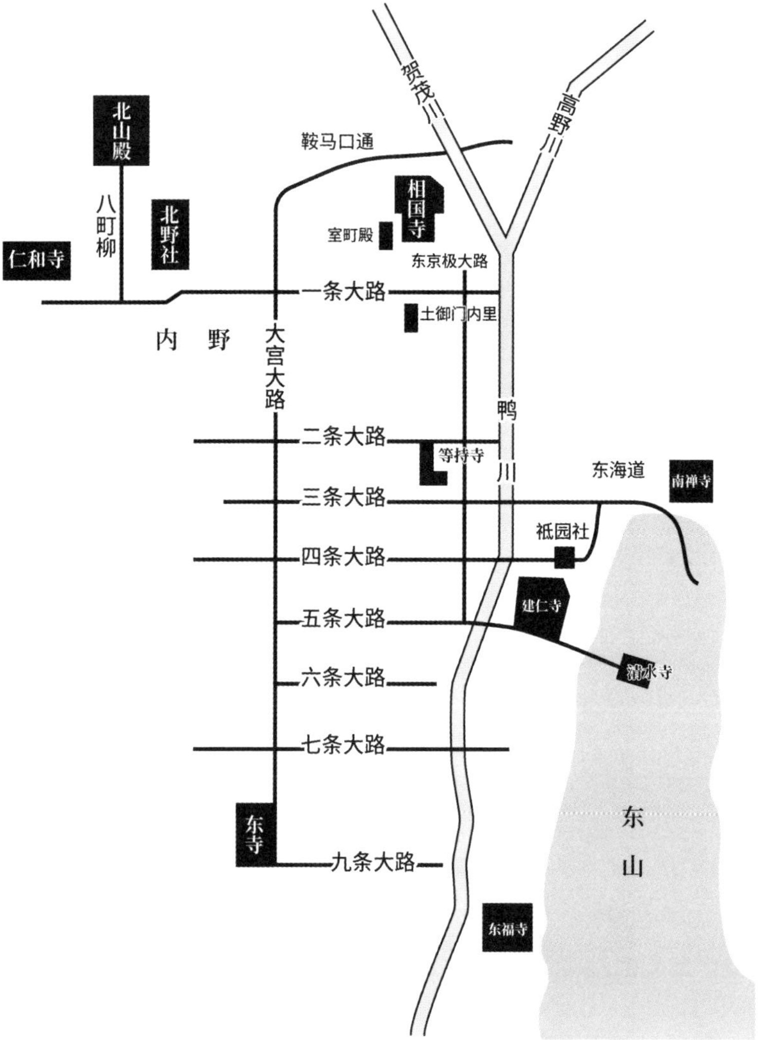

图 16　足利义满时代京都地图简图

目　录

第一章　将军的面孔

第二章　义满登场

第三章　大相国

第四章　将军出家

第五章　奉天靖难

第六章 “日本国王”的诞生

第七章 义满的外交团队

第八章 朝贡体制之下

第一章　将军的面孔

被枭首的将军

日本文久三年（1863）二月二十二日，近代史上著名的“黑船叩关”[1]事件已经过去十年了。这一天夜里，京都三条河原[2]的贺茂川边发生了一件怪事。三颗黑漆漆的脑袋不知被何人给放置在了一个木头架子上示众，看起来十分可怖。走近一看，原来并不是真人的首级，而是三座木像的头部。木头的下面还挂着三块牌位，大概分别属于三颗脑袋的主人。后面类似告示的文书上写明了三人的身份：逆贼足利尊氏、义诠、义满。

1　江户时代末期的 1853 年，美国海军准将佩里以武力胁迫日本打开国门的事件。

2　河原即河滩，三条河原即三条大路与（现）鸭川交汇处的河滩。后文提到的五条河原则为五条大路与鸭川交汇处的河滩。

三位被称作“逆贼”的人物，实际上分别是室町幕府的第一代至第三代将军。木像原本安放在京都西北郊的禅宗寺院等持院中，里面有座叫作灵光殿的建筑，至今仍供奉着室町幕府十五代将军（从足利尊氏到足利义昭）的木像。当时的日本列岛正处在“尊王攘夷”的紧张气氛中，德川幕府的权威摇摇欲坠，来自全国各地的浪士们涌入京都，人心浮动，情势严峻。前代幕府将军的“首级”被人砍了下来示众，还被唤作“逆贼”，很难不让人联想到是对当代幕府德川将军的挑衅。于是，时任京都守护职[1]的松平容保毫不手软，很快就将一帮肇事者逮捕，并且在八月将他们处斩。这就是在很多有关幕末的电视剧、文学作品中都会登场的“足利三代木像枭首事件”。

本书的主角，就是被称作“逆贼”的将军中的一位：室町幕府第三代将军足利义满（1358—1408）。在笔者的前作《神风与铜钱：海岛日本遭遇世界帝国 1268—1368》的最后部分，足利义满已经出场。他最为中国读者所熟悉的形象，大概是动画片《聪明的一休》里那位看起来不太聪明的将军。但足利义满实际上是在日本历史上留下了极为浓墨重彩一笔的人物。他是结束南北朝动乱（1336—1392），重新统一日本者，也是结束外交上长期的相对孤立状态，加入以明朝为中心的朝贡秩序的关键人物；他被明朝

1　江户时代末期文久二年（1862），幕政改革所设置的负责京都治安的职务。

册封为“日本国王”，凭借这个身份与朝鲜王朝通使；他还是京都的世界文化遗产金阁寺的修建者。但就是这样一位看起来十分厉害的将军，在近代日本史上却有着很负面的形象。他被看成一个试图颠覆天皇权力、试图谋朝篡位的“逆贼”，一个违背日本传统，向明朝摇尾乞怜的“卖国者”。

这种关于足利义满的“逆贼”评价，在后来为侵略战争鼓吹的“皇国史观”里面得到了进一步的发挥。所谓“皇国史观”，是一种神化日本民族、天皇和日本宗教文化的历史观，这种观念将所谓“万世一系”的天皇制置于核心，以“尊皇”为基准来书写日本的历史，实际上成了日本对外侵略扩张的精神资源。在这种观念下，室町幕府的将军们整体都被描述成用来衬托“南朝忠臣”的“乱臣贼子”，足利义满挟持北朝天皇吞并南朝、接受明朝册封的史事更是成为洗不清的罪过。比方说，第二次世界大战后期的1943年，由军国主义政府下的文部省编写、内阁印刷局出版的《国史概说》就是这样评价足利义满的：

> 足利义满成长以后，忘却了源赖朝以来幕府传统的质朴风气，转而追求缙绅式的公卿生活，足利氏逐步公卿化……应永元年辞去征夷大将军一职，同时任以平清盛以来不曾授予武家的太政大臣之职。次年辞官出家，号天山道义，搬到洛北的北山第居住，但仍继续干预朝廷和幕府的政治。作为

> 公卿已极尽荣华的义满，多有僭越之举，崇尚奢侈之风，耽于享乐。
>
> ……足利氏仅仅为了利益的目的，开始了对明朝的外交和贸易。足利义满于应永八年向明朝派出使节寻求通商。次年使节随同明使回国，带来了明惠帝的国书，内容极为无礼。足利义满受理了这一国书，但并未向朝廷上奏。而且此后在无天皇敕裁的情况下肆意派遣多次使节，单单为了谋求贸易之利，就罔顾大义。

就像这样，对足利义满的公家化、僭越、对明朝贡，这部《国史概说》都采取了攻击和几近全盘否定的态度。足利义满在简短的文字里被描述成一位骄奢淫逸、见利忘义的小人。类似的，1937 年“卢沟桥事变”爆发前夕，日本文部省教学局编写了一本叫作《国体本义》的小册子，里面说足利义满“对内忘却大义名分，对外对明朝毁损国威”（《国体本义》第二）；再者，20 世纪“皇国史观”的代表人物、原东京帝国大学教授平泉澄更是说“在一百八十二年的室町时代，发自于私利私欲的纷争不断，人们既没有理想，也忘却了道义……吉野的忠烈精神默默消失了，足利氏权倾一世，这样的室町时代……无任何有价值的东西可以言说”（《物语日本史》）。不只是足利义满本人，连整个室町时代都被从根本上否定了。可以说在近代的历史叙述中，足利义满被又一次“枭首”，而且是一次又一次反复地“枭首”。实在是何其可悲的事。

“二战”以后，“皇国史观”从历史教育和历史叙述中被强制清除，平泉澄等鼓吹者也被开除了公职。关于足利义满及室町政权的研究在战后历史学的发展进程中重燃，特别是在近二十年来取得了很大的进展。这使得我们今天能够站在当代的历史学的立场之上，从东亚的视角重新开启对足利义满的思考。本书的主旨正在于此。“皇国史观”这种陈腐的观念看上去已经被扫进了垃圾堆，然而实际上，在今天的日本仍然能够看到很多顽固的残留。

比方说，由平安神宫（京都府京都市）主办的京都三大节庆活动之一的时代祭，是日本最大规模的古装巡游活动，每年十月都会吸引很多来自世界各地的游客前往观看。时代祭的队列，按照从明治维新到平安时代的倒叙方式排列，2000 多名古装演员需要扮演各式各样的历史人物，比如丰臣秀吉、织田信长这样的名人。但很少为游人所知的是，在 2007 年以前，京都时代祭里面一直都没有室町时代的队列。反而是带着浓厚“皇国史观”色彩的“吉野时代”[1]赫然在列。即便后来加入了室町时代，队列中登场的人物也仅以“足利将军”的模糊称谓指代，里面并没有出现任何一位室町幕府将军的名字，当然，也没有出现足利义满的形象。至

1　即南北朝时代，是基于“南朝正统论”的称谓。吉野位于奈良南部山地，是当时南朝的据点。南朝正统论一度得到官方支持，日本近代很多历史学者都热衷于表彰南朝“忠臣”，笔伐足利“逆贼”。

少在时代祭呈现出的观念中，足利义满仍然没有洗清“逆贼”的嫌疑，仍然是一个需要从历史叙述中抹杀的存在。

被否定的“日本国王”

足利义满被打成了“逆贼”，这是狂热奔向战争快车道的近代日本扭曲的历史观下的产物。但实际上，对足利义满的批评乃至否定，在室町时代就已经存在了。也就是说，还在足利义满的子孙后代当政的时代，就已经有人开始对足利义满提出质疑了。质疑的焦点主要是在他向明朝朝贡、接受明朝册封的事情上。

提出质疑的人，名叫瑞溪周凤（1392—1473），是一名禅宗的僧侣。在室町时代，五山禅宗寺院几乎是紧密追随足利将军家族的“家庙”式存在，还为幕府充当处理对明朝、朝鲜等涉外事务的“外交机关”，瑞溪周凤本人也曾侍奉将军，为幕府中枢服务，起草过多篇外交文书。可以说，瑞溪周凤是足利家的“自己人”，是幕府体制内的高层人士，拿的是幕府的钱，办的是幕府的事。并且，瑞溪周凤是当时颇有声名的学者，对东亚世界的规矩并不是搞不明白。但即便是这样一位与将军十分亲近、长期在第一线从事幕府对外交涉工作的僧侣，仍然对足利义满的举动提出了批判：

彼国以吾国将相为王，盖推尊之义，不必厌之。今表中自称王，则此用彼国之封也。无乃不可乎？又用臣字非也。不得已，则日本国之下，如常当书官位，其下氏与讳之间，书朝臣二字可乎？盖此方公卿恒例，则臣字属于吾皇而已，可以避臣于外国之嫌也。又近时遣大明表末书彼国年号，或非乎？吾国年号，多载于《唐书》《玉海》等书，彼方博物君子，当知此国自中古别有年号，然则义当用此国年号，不然，总不书年号，惟书甲子乎？（《善邻国宝记》）

瑞溪周凤所批判的，实际上是室町幕府处理对明朝外交时国书的署名和落款问题。在瑞溪看来，在国书上署上明朝封给的“国王”之号纵然无妨，但落款之处不应该对明朝称臣，更不应该书写明朝的年号。如果要写“臣”字，索性按照日本国内文书的惯例，以表示天皇之下臣子身份的“朝臣”二字自署。日期之处，则应该用日本年号，或者用干支纪年，绝不应使用明朝的年号。虽没有指名道姓，批判的也是室町时代对明朝外交中惯常的情况，但无论是自称“日本国王”，还是对明朝称臣、书写明朝年号，实际上都是从足利义满开始的。因此，瑞溪矛头对准的，正是足利义满以来形成的惯例，实际上可以视为对足利义满本人采取的外交政策的批判。

为什么足利义满的外交当时会遭受这样的批判，我们在中国历史的语境中是难以理解的。根据我们通常对朝贡体制的理解，作为朝贡秩序中心的明朝天子，册封加入该秩序的各国、各政权的君主，二者之间结成一种近乎君臣的关系，这在明代的东亚几乎是理所当然的。譬如半岛的朝鲜王朝，一开始虽然与明朝有着种种的摩擦和不愉快，但后来与明朝结成了稳定的封贡关系，代代受明朝册封，明朝赐予冠服、印绶、历法。朝鲜的君主对外通使时，皆以明朝册封的“朝鲜国王”自称，落款皆用明朝年号。这有什么需要忌讳的呢？

与朝鲜半岛不同的是，日本列岛即便与大陆经贸往来十分频繁，但政治上的联系却很薄弱，长期处于相对孤立的状态，在明代以前的很长时间里，日本既不请求册封，也不主动朝贡。即便是蒙古帝国使节到来之时，日本人也是采取了不答复、不理睬、不允许进京的态度。一反之前的常态，寻求他国的册封，让册封使踏上京都的土地，这在当时很多人看来是危险的，会触怒日本神明。比如说，足利义满的儿子足利义教（1394—1441）受明宣宗朱瞻基册封时，就有人担心“神虑难测”（《满济准后日记》），希望能把接受明朝敕谕的一系列仪式尽可能省略掉，或者至少不能像足利义满时那般恭敬。后来，这次册封仪式果然做了一些删减，譬如让足利义教站着而非像义满那样跪着接受国书——2012年由童星铃木福、东山纪之、成宫宽贵主演的真人版《一休和尚》里面，足利义满就是站立着接受国书的，这并不符合史实。

更何况，“日本国王”的称号在当时的人们眼中本身就有问题。室町政权的执政者，说到底上面还有个天皇，哪怕是一人之下万人之上，也不是真正的“王”，使用“日本国王”的称号，是一种对天皇权威的僭越。因此，自称“日本国王”，用写着明朝年号的国书对明朝朝贡的足利义满，在中世以来的日本传统中是一个异端。

这样，足利义满的所为被瑞溪周凤批判，也就不难理解了。在对外关系的层面，足利义满是一个开启了潘多拉魔盒的破坏者。他的举动是对崇尚先例的中世传统的破坏。人们不愿意承认，也不愿意提及这个“日本国王”的称号。在册封这件事情上，足利义满以后的执政者们表现得瞻前顾后、扭扭捏捏，这更凸显出足利义满的特殊性。

被“退货”的“太上天皇”

足利义满的独特之处还不止于此。在京都著名的风景名胜地岚山渡月桥边，有一座叫作临川寺的禅宗寺院。这座寺院创建于建武二年（1335），开山祖师是与室町幕府极为亲近的禅僧梦窗疏石。如今，这座寺院归属离它不远的世界文化遗产天龙寺管理，一般不开放，偶尔才开放特别参观。这座寺院保存有很多与足利义满有关的文物。比方说中门匾额的“三会院”三个大字，传说是足利义满亲笔。在临川寺里面还有块牌位，上书“鹿苑院太上法皇”七个大字，所指的就是足利义满。鹿苑院是他死后的埋骨之地，而“太上法皇”则代表他的身份：一位出了家的“太上天皇”。

不止是鹿苑院，京都很多的禅宗寺院，都把足利义满叫作“太上天皇”或者“太上法皇”。甚至鹿苑寺（即金阁寺）现存的一尊足利义满木像的铭文，更是直接写作“鹿苑天皇”。鹿苑寺在江户时代给足利义满举行忌日追荐佛事的时候，给佛事取的标题就是“鹿苑天皇四百年忌”“鹿苑院太上天皇四百五十年忌”。这些禅宗寺院不顾史实如何，直接将足利义满称作天皇或者太上天皇。

应永十五年（1408）五月六日，足利义满逝去。两天后，后小松天皇（1377—1433）下达了旨意，赐予足利义满“太上天皇”的尊号。这在中世日本的历史上是破天荒的事。太上天皇，也就是太上皇，一般是曾经登上过天皇宝座的人才有资格获得的称号，但在中世不断变化的政治形势中，也出现过虽未即位为天皇，但仍获得太上天皇尊号者。然而即便如此，这些获得尊号的人无一例外是皇族出身。足利义满出身足利氏，即便说远祖是清和源氏，可以追溯到清河天皇（850—881），和天皇家族算是血脉相连，但那也是几百年前的事情，和当时在位的天皇在血缘上早就是八竿子打不着的关系。因此，给足利义满上这样的尊号，无疑是极大的尊荣。但没想到，足利义满的继任者将军足利义持，居然拒绝了朝廷的赐号。

提议辞退尊号的，是幕府重臣斯波义将（1350—1410），此人在足利义满执政时期就是幕府的股肱之臣，担任管领[1]的要职多年，堪称武家柱石，说话分量很重。斯波义将认为给非皇族出身者赐太上天皇之尊号，在日本的历史上没有先例，断然不能破例。不仅如此，斯波义将对足利义满对明朝称臣，以及“日本国王”称号的使用也都颇有微词。可以说，斯波义将代表的其实也是大多数幕臣们的意见。将军足利义持赞同他的提议，向朝廷辞退了尊号。于是，赐号一事就不了了之了。

朝廷赐给足利义满的尊荣称号，竟然被他儿子“退了货”。赐号这件事看上去是以天皇为首的朝廷在拍幕府的马屁，但根据小川刚生的研究，足利义满还在世的时候，就希望自己能被赐予太上天皇的称号，自己的继室日野康子则成为天皇的“准母”。朝廷这边感到十分困扰，但又很难直接拒绝，最后竟然以义满“年龄没到”为由给回绝了。实际上，当时（1405）足利义满48岁，在中世“人间五十年”的认知里早就已经是中老年了，根本谈不上“年龄没到”。被视作开启了中世时期的白河天皇（1053—1129），他在退位成为上皇的时候不过才34岁。南北朝动乱期间被足利家抬出来执政，开启了北朝王权的光严上皇（1313—1364），当时更是

1 室町幕府仅次于将军的最高职务，由斯波、畠山、细川三家担任。

不过 23 岁。他们哪位都比义满年轻。

等到足利义满离世，朝廷总算批准了义满的请求，打算圆他的梦。没承想被他儿子足利义持一巴掌打到脸上。因此，虽然禅宗寺院仍有不少把足利义满叫成太上天皇乃至天皇的，但他从来就不是一位天皇，也没被批准过太上天皇的称号。禅宗寺院所采取的称谓，不过是私下里的非正式称谓。

足利义满试图成为太上皇的举动，后来被著名历史学者今谷明说成“篡夺王权”。今谷明在《室町的王权：足利义满的王权篡夺计划》一书中，列举了许多足利义满有意识地攫取原属于天皇的权力的举动，认为他想要站在日本列岛最高的位置，将超越天皇的最高权威牢牢掌握在手中。甚至，足利义满向明朝请求册封的举动也被和“篡夺王权”联系起来，被认为是在借助外部（明朝）的力量，从那里获得新的合法性和威势。这种观点被称作“王权篡夺说”，当时产生了很大的影响力。如今虽然已经受到很多批判，不再是主流的学说，但很多学者仍然强调足利义满本人的特异性。足利义持对尊号的“退货”，实际上也就意味着对这种特异性的批判，乃至否定。

这样看来，无论是“日本国王”，还是“太上天皇”，足利义满的这些称谓或身份，在其身后实际上都被忌讳、被批判，甚至被否定。这让足利义满这位奠定了室町幕府百年基业的政治人物显得特别突兀，仿佛与他的先辈或子孙后代们格格不入。大概也正是因为有这样的特殊性，足利义满在日本的历史书写中仍然残留着一丝敏感性，对于他的评价和认知依旧众说纷纭。所以我们看到，NHK（日本广播协会）拍了一遍大河剧，把战国时代那些事来来回回翻了个底儿朝天，但是他们仍然没有把足利义满搬上荧幕的计划。足利义满与他的室町时代在荧幕上仍然是一个被遗忘、被忽视的存在。

宋徽宗与“天山道义”

接下来，我们来看看足利义满本人的肖像。除了本章开头提到的等持院内被砍头的木像之外，实际上，足利义满还有多幅肖像传世。其中最著名的有三幅。两幅现存于京都鹿苑寺，一幅现存于相国寺。其中，又以鹿苑寺的两幅肖像最为人所知。

鹿苑寺的两幅肖像里的足利义满，无论是着装还是姿势、坐具都非常相似，无非一幅肖像里义满的脸朝左边，一幅的脸朝右边。脸朝右的一幅，作者是室町时代的画家土佐行广，他为幕府和宫廷绘制了很多作品。这幅肖像的顶端，也就是足利义满头上的位置，有足利义持亲笔的题赞。从落款的时间可知，这是应永十五年（1408）的作品，这一年正好就是足利义满去世的年份，当年六月二十五日，在等持院举办了足利义满的四十九日中阴[1]超度佛事。这幅土佐行广绘制的肖像，当天就挂在佛事的会场中，供前来祭奠的人们瞻仰。另一幅脸朝左的肖像，上有传为公家贵族、歌人飞鸟井雅缘所题写的三首和歌，这三首和歌均为足利义满本人所作。这幅肖像应该也是差不多的时候绘制的。

两幅肖像描绘的足利义满，几乎有着相同的形象。也就是留着八字眉，鼻子很大，头发光光，胡须稀疏且泛白的老年僧侣形象。这当然是足利义满出家以后年老的形象。而且，义满的身上明显穿着僧侣的服饰，手持念珠和扇子，端坐在草垫上面。

这就是足利义满通常给人留下的印象。在京都相国寺内还藏有一幅名气稍小一些的肖像。这幅肖像所描绘的，同样是八字眉、胡须稀疏的老年义满形象。这幅肖像的绘制时间是应永三十一年（1424），是为了举行义满七回忌追荐佛事所作。画面的正上方有禅僧、相国寺住持严中周噩的题赞：

坐镇扶桑七十州
河清海晏越殷周
威灵弥盛骑箕后

1　佛教将人死后四十九天视为寿命已尽之后的过渡状态，需要连续举行佛事活动，此时期亡者的灵体叫作“中阴”，第四十九日（即“七七”）的佛事称为中阴佛事。

垂裕子孙千万秋
鹿苑院殿天山大居士尊像
（相国寺藏《足利义满像》）

三幅肖像都是足利义满出家以后的形象，也就是所谓的“法体”像。但仔细看来，细心的读者恐怕能够看出，三幅肖像中义满所穿着的僧衣有所不同。其中，鹿苑寺两幅肖像中，义满所穿着的僧衣极为华丽，里面穿的衣服称为“法服”，是日本显密佛教高僧的着装。显密佛教[1]是我们对中世以来与国家权力密切结合的日本佛教主流派各派别的统称。法服的衣领部分高高耸起，叫作“僧纲襟”，是显密佛教中具有僧位僧官的高级僧侣的标志；而在法服的上面，足利义满所穿的是金襕的袈裟和横披，使用的是华贵的织金锦工艺，也就是由金丝纬线织制的锦制成。这是当时日本佛教僧侣所能穿着的最为顶级的服饰。并且，当时日本还不能生产织金锦，只能从中国进口，再加以改制。

而相国寺的那幅肖像中，足利义满所穿着的服饰则很不一样。虽然同样也是僧衣和袈裟，但所穿着的，是当时禅宗僧侣所着的直裰，以及带有一个巨大的环的九条袈裟。九条袈裟是宋元和日

1　包括真言宗、天台宗、法相宗、华严宗、三论宗等平安时代及以前传入日本的佛教名宗派。

本禅僧日常穿着的大袈裟，比日本显密佛教僧侣所着的袈裟要大很多。而且，与鹿苑寺的足利义满像坐在草垫上不同，相国寺像中，义满盘腿坐在椅子上。两幅肖像的着装、坐姿迥异，背后所反映的，实际上是足利义满两种截然不同的形象。也就是说，鹿苑寺肖像中的足利义满，是一个典型的显密佛教高僧的形象，而相国寺肖像中的足利义满，则是一个典型的禅宗高僧的形象。然而，这两种肖像都不是完全凭借想象绘制的，很大程度上是足利义满本人曾经真实存在过的形象。关于二者究竟是什么关系，足利义满为何会有两种不同的“法体”形象，我们暂且不讲，等到后面的章节再详述。这里，先来看看肖像画上的题赞。

首先是相国寺肖像上严中周噩的题赞，内容不外乎是对足利义满政绩的吹捧，但其中对义满的称呼有些不同：天山大居士。“天山”是足利义满出家后的禅宗式道号，搭配上他的法名“道义”，他也像当时的禅僧一样有个四个字的法名：天山道义。但是，虽然足利义满落发为僧，也正式地受了戒，禅僧们还是在肖像中称他为“居士”，也就是一位在家修习的俗家信徒，就像宋代的文人“东坡居士”（苏轼）、“六一居士”（欧阳修）那样。在这幅肖像里，足利义满虽有僧形，却不被当成僧侣，反被视作俗人。“天山道义居士”，这是一个有些怪异的称号。

然后是土佐行广绘制的肖像。这幅肖像虽然展现的是足利义满作为显密佛教高僧的形象，但是画面的上方却有一段禅宗色彩十足的题赞：

身从无相中受生
犹如幻出诸形象
幻人心识本来无
罪福皆空无所住
（鹿苑寺藏《足利义满像》）

刚才已经提到，这四句题赞是足利义满之子足利义持亲笔所写。这里想要探讨的，不是这题赞的含义，而是它的出处。这内容当然不是足利义持的原创，而是对中国禅宗一段偈语的引用。它在禅宗的典籍中多次出场，人们认为这是佛教中“过去七佛”里面第一位毗婆尸佛所述的禅偈（《宗镜录》）。后世曾有多位禅僧引用过，但最为著名的引用者，或许是南宋的禅僧大慧宗杲。他是在什么场合引用这四句禅偈的呢？是在“徽宗皇帝大祥上堂”（《大慧普觉禅师语录》），也就是宋徽宗皇帝的三回忌（崩后第三年）的追荐佛事上。众所周知，宋徽宗是亡国之君，“靖康之难”的第一责任人，在中国历史上绝不是什么正面角色。而巧合的是，既然这幅肖像是专门为足利义满的追荐佛事所绘，那么足利义持题写这四句禅偈，也是出于同样的目的——也就是说，足利义持是在效仿大慧宗杲，在同样的场合下使用了这四句禅偈。对此，研究室町时代的学者桥本雄推测，这可能并不是一个偶然，也不是出于足利义持的无知。在中世这样一个十分在意先例吉凶的时代，足利义持极有可能是有意为之：他有意识地让人们把他的父亲往亡国之君、“风流天子”宋徽宗赵佶的方面联想。义持可能“没安什么好心眼儿”，只是想用这种极为隐晦的手段，讽刺他的父亲。

足利义持执政期间否定、推翻了他父亲的许多举措，很多东西被推倒重来，这一点我们后面还会详述。可以看到，即便在出于纪念足利义满的目的绘制的肖像画背后，可能也蕴含着对义满批判乃至否定的情绪，这同样是极为不寻常的事态。

被遗忘的“恭献王”

除了上述各种被贴上的标签或者被否定的称谓之外，恐怕很多人还不知道足利义满还有一个更为小众的称号——“恭献王”。看到这三个字，想必大家能够猜到，这绝对不是日本国内对足利义满的称呼，而是明朝永乐帝赐予的谥号。明朝赐予外国君主的谥号很多都是这个格式，比如朝鲜太宗是“恭定王”，朝鲜文宗是“恭顺王”，朝鲜世宗则是“庄宪王”。永乐赐谥足利义满的文书收录在《善邻国宝记》里，内容并不复杂，在此，我们将其中的关键内容摘录如下：

> 故日本国王源道义（足利义满），慈惠恭和，聪明特达，持身有礼，处事有义。好善恶恶，始终一志。敬天事上，表里一诚。负弘伟之度，怀卓荦之才。仁厚洽于国人，贤德昭于远迩……盖王忠顺之诚，皎若日星，坚若金石。上逼于天地，幽彻于鬼神……今特赐谥曰恭献。

这是足利义满逝去，继任者足利义持派人向明朝报丧以后，明朝以中官周全俞为使，带来的永乐帝的祭文。虽然里面有很多是客套话，但仍反映了永乐帝对足利义满真实的评价。可以说，永乐帝对义满不惜溢美之词，用了颇为夸张的语句来夸赞其"忠顺"。朱棣还曾夸赞足利义满是"日本自有国以来，如王（义满）之贤达者盖未之有也""海东之国，从古贤达，未如王者"（《善邻国宝记》），这可以看作朱棣对义满的极高褒奖，其评价不可谓不高。甚至，足利义持和明朝关系恶化以后，永乐帝屡次派出使节到日本来斥责义持，动不动就提到"尔父恭献王在时"如何如何（《明成祖敕书》），把足利义持说成是一个不忠不孝的"逆子"。

更为甚者，在足利义满当政的时候，永乐帝对日本、对室町幕府的评价都是极高的。比如说永乐四年（1406），永乐帝派人到日本去，封日本国的一座山为"寿安镇国之山"，并且亲自撰写了碑铭。在碑文中，永乐帝给予足利义满很高的评价，赞其"誓心朝廷"，还说"海东之国未有贤于日本者也"（《明太宗实录》）。我们并不知道具体指的是哪一座山，但有传言说就是九州岛熊本的著名火山阿苏山。此外，永乐帝还加赐足利义满亲王级别的九章冕服（见本书第八章），这使得义满被抬高到了朝贡国中最高级的亲王级别。对明朝来说，这可以算是对日本的极大优待了。永乐帝“海东之国未有贤于日本”的说法，从我们今天的观念上来看有些难以想象，毕竟从大家对明朝的一般认知来看，这句话怎么也应该是用来形容朝鲜王朝的，放在日本身上总有那么点违和感。但实际上在朱棣的理解中，反倒是日本和明朝的关系更亲密，而这一“蜜月期”的缔造者就是恭献王足利义满。

无独有偶，这种对足利义满的称赞，也能从《朝鲜王朝实录》中世宗部分得到确认。朝鲜王朝世宗李裪（1397—1450）就曾经评价说：“予闻源道（足利义满）事大至诚，使臣黄俨尝至其国，为营迎室于境上，亲迓（迎接）以入。”（《朝鲜世宗实录》）朝鲜世宗所描述的，就是足利义满昔日尽心迎接明朝使节的情景。并且，李裪还批评当时室町幕府的将军足利义教，说他“不遵乃父忠诚”，比他父亲义满差远了。显然，和永乐帝一样，朝鲜世宗对足利义满的印象也相当不错，提到义满当政的时代，总觉得是一个睦邻友善的好时代。足利义满时期的例子，也都是应该被记住、被继承下去的佳例。

然而，永乐帝赐给足利义满的“恭献王”这个谥号，在日本的史料中，除了直接收录明朝敕书的外交文书集《善邻国宝记》

之外，几乎没有被提到。对足利义满的通常叙述中，一般也不会出现这个称谓。永乐皇帝给足利义满的这个褒奖，差不多被室町社会的主流叙述给遗忘了。哪怕在今天一般的历史书籍或教科书中，即便能看到关于足利义满的各种称谓，比如“日本准三后道义”“鹿苑院”“北山殿”“日本国王源道义”，但都很少提及“恭献王”。这个称谓在日本国内完全不通用，几乎不能形成一丁点儿的影响。

以上种种的史实，给我们传递出了各种有些繁杂且混乱的信息。尽管这些信息有的看起来相互冲突、相互矛盾，但实际上都指向了一个同样的结论，那就是足利义满其人，无论在日本国内的政治史上，还是在中日关系史、东亚史上，都是一位极为重要、无法回避的历史人物，围绕他的信息越是复杂，越是矛盾，越是特异，就越能体现出他独特的历史地位。因此，本书试图回归15世纪初期东亚历史的现场，从日本、中国、朝鲜半岛的不同视角，揭开足利义满脸上的一层层面具，重新解剖他的经历和意欲。笔者希望能与大家共同探讨：究竟是怎样的时代产生了足利义满这样一位人物？他又有哪些行为和观念超越了这个时代？足利义满的出现，对于东亚世界中的室町日本，究竟意味着什么？

第二章　义满登场

康历政变

康历元年（1379）闰四月，这一年足利义满21岁，已登上将军之位十年之久。这年发生的一件大事在义满的政治生涯中产生了重要的影响，宣告了足利义满时代的真正到来。这就是“康历政变”。但可能令大家有些意外的是，足利义满并非直接参与政变的任何一方，更不是政变的发起者。实际上，这场政变类似于“清君侧”，但这个“君”是足利义满。

政变方（发起政变的一方）的领导人是斯波义将，比足利义满大八岁，其父是室町幕府草创时期的元老斯波高经。早在少年时，斯波义将就曾经担任过幕府一人之下万人之上的要职“管领”，但实际上掌权的是他的父亲。反政变方的领导人是细川赖之（1329—1392），时任幕府管领，是二代将军足利义诠（1330—1367）留给义满的托孤大臣。

足利义诠把幕府这个烂摊子丢下，撒手人寰的时候，义满不过才 9 岁（1367）。对义满来说，细川赖之几乎是更像父亲一般的人物。赖之帮助他不断积攒政务和朝廷仪礼方面的经验，义满于应安元年（1368）接任将军，五年（1372）开始正式签署公文。在此期间，义满的官位如火箭一般蹿升，到政变发生之前，足利义满在朝廷中的官位已经是从二位右近卫大将，超过了自己的父亲和祖父，等同镰仓幕府的创立者源赖朝。这和细川赖之尽心竭力的辅佐是分不开的。当时人们称赖之为“执权[1]”，说他有“廉洁之誉”（《后愚昧记》）。在武家内部，赖之算是一位政治经验老道而又尽心尽责的重臣。但细川赖之的反对者也为数众多，比如土岐氏、山名氏，以及五山禅宗里面老练的僧侣春屋妙葩（1311—1388），他们团结在斯波义将的周围，早就已经和细川赖之处于对峙的状态。

于是，康历元年（1379）闰四月十四日午后，一只约数万兵力的军队浩浩荡荡地从京都东面跨过鸭川，沿一条大街向西进发，然后经万里小路北行，将足利义满在今出川的宅邸团团围住。这就是室町时代常见的政变形态“御所卷”，也就是大名们联合起来，把主君的住处（御所）围住，逼迫他接受某种政治诉求。比方说，

1 执权为镰仓幕府的实际掌权者北条氏世代担任的职务。

三十年前“观应扰乱”（1350—1352）的时候，就是号称“天下武士”（《园太历》）的政变一方包围了将军足利尊氏的宅邸，要求他罢免执政者足利直义。根据清水克行的研究，“御所卷”看上去虽是偶发的政治事件，但在室町时代实际上已经形成了一定的操作规范。首先，大名们需要将自己的诉求写成一张诉状并集体署名，然后在包围将军宅邸时，派出几位代表前去请求将军签署，其余人则须在外静候。这些发起“御所卷”的大名们称作“一揆众”，也就是同心集团的意思。“御所卷”的发生，实际上反映的是将军与重臣们的特殊关系。室町时代的将军并不享有绝对的权力，而是受到家臣们的制约。

这一次，发起“御所卷”的一方的诉求十分简单明了，就是罢免细川赖之。足利义满只能无奈地命令细川赖之离京，当天傍晚，细川赖之及其兄弟、下属的宅邸突然起火，赖之一行 300 余骑撤出京都。九月，足利义满称细川赖之为“叛逆”，向赖之的老巢四国发布了下令抓捕他的文书（《足利义满军势催促状》，《南北朝遗文》中国四国编 4542 号）。执政十余年的细川赖之就此黯然离场。

政变的过程并不复杂，但政变的背后主谋是谁，却有些扑朔迷离。一般人当然会想到政变的实际发动者，也就是斯波义将及其支持者们。换言之，细川赖之的下台，不过是年轻的足利义满受了诸将的逼迫，无奈妥协的结果。但是当时的史料《愚管记》却记载了另一个说法，说命令诸将把将军宅邸包围起来的，实际上是“武将”（足利义满）本人。类似的，公卿三条公忠的日记《后愚昧记》当中也说，幕府的将领们包围将军宅邸，逼迫细川赖之让位，是奉了“大树[1]沙汰”（将军的命令）。那政变就俨然成为了将军足利义满与反细川赖之派们合谋的一场“秀”。如果是这样的话，那就是足利义满一面和斯波义将等大名们联手，把细川赖之这位托孤老臣的势力从幕府中枢排挤出去，一面却要演出一副受了胁迫、万不得已的样子，好让细川赖之的支持者不把账记在他头上。不管这个说法究竟有几分真几分假，结果倒是很清楚且直接的。这次类似“清君侧”的政变，和二十多年后发生在中国的那次“清君侧”结局迥然不同。最终，足利义满果然如愿开始亲政。

就在前一年，升任右近卫大将的足利义满，实际上已经开始逐步表露出想要摆脱细川赖之的影响，实施自己的为政之道的意愿。比义满年长二十九岁的细川赖之，为义满的蹿升铺平了道路，但也使得义满仍笼罩在他巨大的阴影之下。更何况，细川赖之执政十余年来树敌甚多，对义满而言，他已经成了亲政路上的绊脚石。因此，无论义满是否真的在幕后主导了“康历政变”，政变的结果对他来说都并不坏。足利义满终于迎来了属于他的时代，很快，他就将获得在国内和国际政治舞台大显身手的机会。

1　大树是室町时代对将军的称呼之一，取自东汉将军冯异的典故。

与明朝的初次接触

实际上，足利义满与明朝的第一次接触，就发生在康历政变（1379）的六年前。关于这次接触，笔者在《神风与铜钱：海岛日本遭遇世界帝国1268—1368》中已经提到过，这里再做一个简单的介绍。事情起因于1371年南朝一方在九州的领袖怀良亲王[1]（1329—1383），在被明朝使节说服后，向明太祖朱元璋派遣了一次使节团。这次出使得到了朱元璋的承认，怀良亲王也被明朝顺势册封为“日本国王”。于是，明朝洪武五年（1372），明使无逸克勤、仲猷祖阐一行从舟山出发，踏上了赴日册封之旅。但没想到，他们在九州岛登陆以后，九州局势已经风云突变，怀良亲王打了败仗，室町幕府一方的将领今川了俊（1326—1420）攻占了博多港[2]。这么一来，明使落入了室町幕府一方势力的手中，被软禁在博多圣福寺。册封怀良亲王的大任无法完成，出使计划陷入僵局。

当时在京都的将军是年轻的足利义满，而在台上执政的不是别人，正是细川赖之。但细川赖之对明使很冷淡，他甚至还想把仲猷祖阐扣下来做京都天龙寺的住持，只把无逸克勤放回去。但是，在明使一行人出发之前，明朝实际上已经派了日本在中国的留学

---

1 当时日本处于南北朝分立时期，怀良亲王是南朝第一代天皇后醍醐之子。室町幕府是北朝的支持者。

2 日本中世时期最重要的对外贸易港口，位于今福冈市。

僧椿庭海寿先行一步，回日本打通关节。于是，明使一行人通过熟悉日本国情的椿庭海寿，给当时在丹后[1]的禅僧春屋妙葩送了封信过去，陈明了出使的缘由。虽然春屋本人推脱说自己已在下野隐居[2]，实在帮不上忙，但最后还是通过其人脉顺利地打通了和幕府的对话渠道，使团一行得以入京。需要注意的是，这位在足利义满的政治生涯中大放异彩的老练禅僧，在几年前就已经和细川赖之闹崩了，现在是反细川派的核心人物之一，和斯波义将走得很近。因此，村井章介以来的很多学者都推测，当时对于应该如何对待这批明朝使节，幕府内部极可能存在两种相反的意见：一种是主张积极利用这次机会与明朝开展接触的斯波义将派，一种则是态度消极的细川赖之派。其中，把明使一行扣押在九州博多的今川了俊就是细川赖之派。

结果，细川赖之派向斯波义将派让步，决定利用明使归国的机会，在应安六年（1373）向明朝派遣一次使节。这是室町幕府第一次向明朝派遣使节。使节的代表是两名禅僧，分别名叫闻溪圆宣和子建净业。但遗憾的是，这次使节到达明朝首都南京以后，没能得到太祖朱元璋的承认，第一次的遣明使实际上以失败而告终。可以想见，出使的失败对斯波义将派来说是一个打击，却正

1　今京都府西北部，日本海沿岸。

2　五山禅林的领袖春屋妙葩在1368年的“南禅寺事件”中辞去天龙寺住持之职，隐居丹后，与细川赖之关系恶化。

中细川赖之下怀。

几乎差不多的时间，明朝已经开始实施与朝贡绑定的海禁政策。一方面加强海防，严格限制明朝商人出海，另一方面则明确朝贡的礼仪制度。之后在明朝确立的新制度中，只有附属于朝贡的贸易才是合法的国际贸易，只有持有明朝颁发的“勘合”凭证的才是正式的朝贡使节。因此，延续数百年的中日民间贸易极为繁荣的景况终于要暂时告一段落了[1]。这样一来，室町幕府如果还想要维持和中国的贸易，就非加入以明朝为中心的朝贡体制不可。从闻溪圆宣、子建净业的这次出使开始到明洪武十九年（1386）为止，明朝的史料里记载了很多各种各样的日本朝贡使节，其中大多自称“日本国王良怀”，也就是怀良亲王使节。这些使节和怀良亲王未必有什么关系，只不过因为怀良亲王是明朝明确承认的“日本国王”，于是各方势力便索性假借他的名号与明朝通使。然而，在一堆来历不明的“日本国王”使节中间，却有一次署名十分清楚的使节。

康历政变（1379）后，细川赖之总算下了台。足利义满迫不及待地改变了赖之时代的外交政策。次年，明朝的史料里面果然又记载了一次日本方面的出使。使节的派出者，史料记载是“征

1　关于宋元以来中日贸易的情况，可参考《神风与铜钱：海岛日本遭遇世界帝国 1268—1368》。

夷将军源义满"(《明太祖实录》),也就是足利义满本人。一般认为,这就是室町幕府明确派遣的第二次遣明使。然而,明朝还是以"辞意倨慢"的理由,拒绝了室町幕府的使节。不仅如此,朱元璋还专门让礼部修书把足利义满骂了一通,说日本"纵民为盗,贼害邻邦"(《明太祖御制文集》),也就是指责室町幕府纵容倭寇作乱。除此之外,两次被明朝拒绝的直接理由,是室町幕府使节并未持有正式的表文,而是只有写给明朝中书省或中书省丞相的书信,不合明朝外交礼制。在明朝看来,只不过是一介"陪臣"的足利义满,是没有资格独立站在外交舞台上的。这就叫"人臣无外交"。[1]日本的陪臣与明朝的丞相搭上线,这是一种危险的僭越。此时的足利义满虽然已经开始亲政,但是对于明朝对外交规矩的执着仍然没有足够的认识,他迎来的是严厉的教训。这就是足利义满与明朝的第一次接触,与上次斯波义将派的尝试一样,均被拒之门外。后来,朱元璋更是以"胡惟庸通倭案"为契机,直接断绝了和日本的来往。[2]足利义满亲政后在对明朝外交上做出的尝试,可以说是失败了。与明朝外交的开启,并不像把细川赖之赶下台那般容易。

---

1 指作为臣子,不能自行进行外交活动,必须一心一意服从君主。在这样的观念下,臣子不能私自与"外夷"通交。并且,原则上朝贡体制下的各国君主也属于"人臣",彼此之间是没有"外交"可言的。"外交"只能通过"外夷"朝贡天子来实现。

2 事情的始末,可参考《神风与铜钱:海岛日本遭遇世界帝国 1268—1368》第十三章。

“室町殿”的诞生

康历政变发生前夕的永和四年（1378），足利义满决定搬家。义满原来的住处，是京都的三条坊门殿。三条坊门殿位于京都三条坊门小路和姉小路之间，大概在今天京都地铁乌丸御池站以东不远的地方。宅子原本的主人，是室町幕府第一代将军足利尊氏的弟弟足利直义。笔者在《神风与铜钱：海岛日本遭遇世界帝国1268—1368》中讲到过，足利直义虽然不是将军，却是室町幕府初期政务的真正主导者，是幕府政治的奠基人。但贞和五年（1349）在政变中被迫下台以后，足利直义的三条坊门殿就被接收了，移交给将军的嗣子足利义诠居住。在日本的中世时期，公家、武家社会普遍有按照人的住处来尊称对方的习惯。因而，在史料中经常能看到一连串奇怪的地名，时而指地名本身，时而却又代指在此居住的贵人。比方说，住在三条坊门殿的足利直义也被称为“三条殿”。然而，宅子的使用权易主，“三条殿”也就换了人。等到义诠逝去后，足利义满依旧住在这里。

足利义满搬去的新居所，位于室町小路和乌丸小路之间、北小路以北，整座宅邸彻底完工还需要花大约三年时间。室町殿的位置，大概是今天京都今出川车站西北，同志社大学以西，被今出川通、乌丸通、室町通、上立卖通四条街围起来的四四方方的地方，面积比今天的京都御所略小一点。这地方原本是北朝崇光上皇和公卿今出川公直的两座大宅的旧址，总面积是三条坊门殿的两倍。因为紧邻室町小路，这座新宅邸就叫“室町殿”。不过，当时它还有一个更响亮的名字，叫作“花之御所”。这一带都是公家贵族们的宅邸，距离天皇居住的内里（宫禁）也很近，位置十分优越。

实际上，我们今天所称的“室町时代”，正是来源于这座宅邸的名称。足利义满搬家到室町殿以后，“室町殿”也就成了义满个人的称号，同时也是足利将军家的“家名”，成为了历代室町政权执政者（足利家的家长）的共通称号。然而，在足利义满之前，居住在室町小路附近，以“室町殿”为家名的公家家族并不止一家，但足利义满以后，这个称号就成了足利氏的专属称谓。并且，无论执政者本人是否还在这座宅邸内居住，人们都会管他叫“室町殿”。另外，“室町殿”指的一般是政权的真正主宰者。但有时也有例外，比如足利义满把将军之位让出之后，搬到了新修筑的“北山殿”居住，开始以“北山殿”自称，但其实政权依然牢牢掌握在义满手中。关于这一特殊的政治形态，本书后面还会详述，这里不再过多展开。

足利义满成为第一位“室町殿”以后，接下来面临的第一项重要政务是“右大将拜贺”。如前所述，足利义满升任右近卫大将，是永和四年（1378）的事情，跟他开始修建室町殿是同一年。和“征夷大将军”这个与位阶不挂钩的职务不同，右近卫大将是朝廷内部司职宫中守卫的衙门官署“近卫府”的长官，在朝廷的常设武官之中，地位仅次于左近卫大将，排名第二。在足利义满这个时代，近卫府早就已经失去了原有的职能，但其作为朝廷内部高级武官的象征性意义仍然存在。特别是，右近卫大将是镰仓幕府第一代将军源赖朝曾担任过的官职，源赖朝死后的源氏将军家也自称“前右大将家”，因而右近卫大将成为了一个极富政治含义的特殊荣誉官位，令历代将军们着迷不已。任职右近卫大将后，需要举行“右大将拜贺”的仪式，也就是任职者前往宫中，向官位的授予者——天皇表示感谢的仪式。就好像中国古代的状元游街一样，向朝野内外昭告右大将有了新的继任者。

任职右近卫大将之后不久，足利义满就开始准备右大将拜贺的仪式了。仪式所需要的道具、人员、经费，全部需要室町幕府自己承担。义满甚至还有意识地从五摄家[1]之一的近卫家那里，借到了一份重要的参考资料：源赖朝当年举行右大将拜贺时的记录《建久右幕下拜贺记》。很明显，足利义满想要参考源赖朝时的先例，让历史重现。此外，以前任摄政二条良基（1320—1388）为首，朝廷的重臣们为这次仪式的举行提供了大量的建议，尽可能地在仪式作法方面给予足利义满这位朝中新人最直接的指导。对他们而言，右大将拜贺也是向朝野内外显示公家与武家和睦的重要仪

1　朝廷中世袭担任摄政、关白之职的五个藤原氏家族，分为近卫、鹰司、九条、一条、二条。五摄家均是在中世时期分化形成的。

礼，能够以最直观的方式，向人们展示武家的领导人、年轻的将军成为了朝廷的一员。顺便补充一句，这位二条良基在足利义满的政治生涯中扮演了十分重要的角色，堪称义满在公家社会内的引路人。

然而，仪式正在紧锣密鼓地准备，却突然发生了一些棘手的事件。首先是当年（1378）年底南朝军掀起的新一轮军事活动。这个时候，南朝的军事力量已经很薄弱了，但仍然时不时地会给北朝和室町幕府造成一些零星的威胁。南朝这边的攻势到了第二年上半年平息下来，但很快就发生了前面我们提到的那次大事件——康历政变。无论足利义满是否真正参与了这次政变，至少在大多数人看来，政变的实质就是一群武将靠着自己的军事力量在将军面前耀武扬威，把将军身边的老臣赶下了台，公然"造反"的罪魁祸首斯波义将毫不避讳地接替了幕府管领的位置，年轻的将军面对大名们的逼迫也只能乖乖就范。这次政变对将军的权威显然是一次挫伤。正因为如此，足利义满更需搞好这次右大将拜贺，让人们重新相信自己才是政权的真正主导者。而且比起之前的计划，更要大张旗鼓地搞，热热闹闹地搞，好让大家清楚地看见足利义满时代的到来。

右大将拜贺的仪式最终定在七月二十五日举行。在足利义满的新居室町殿内，二条良基作为仪式的"总顾问"，为义满做了一次彩排，学者桃崎有一郎指出，通常做这种彩排只需主角到场走一遍形式就够了，这次竟然是全员到场，像模像样地演习了一遍。足利义满为这次右大将拜贺，安排了一个极为华丽的队列。源赖朝当年搞右大将拜贺的时候，所率领的仪式队列不过 70 人，但到了义满这里，光幕府重臣山名义幸率领的开路武士就有 100 余骑，紧随其后的是拱卫着足利义满车驾的随从、官员 100 多人，浩浩荡荡从室町殿出发，兜了个圈子后来到了天皇居住的内里。随从中还包括朝廷公卿（21 人）、殿上人（37 人）这种朝廷高级官员。这种规模在日本中世史上几乎是空前绝后的。在 21 位公卿的阵容里面，虽然公家地位最高的摄关家不在其中，但摄关家以下第二等级的“清华家”[1]中的久我家、今出川家、西园寺家、三条家、洞院家等都被拉来了，可以说给足了面子，几乎是朝臣们的总动员了。当然，足利义满为了办成这次“总动员”也是软硬兼施，用足了招数，一方面给下级公家发钱，引诱他们参加；另一方面又施以威胁恫吓。于是，最终的队列规模比源赖朝大了好几倍，排场十足。

足利义满此举，颇有点从高卢战场上凯旋的恺撒一行的意味。而且，据松永和浩的研究，足利义满抵达内里，公卿贵族们迎接他入场以后，管领斯波义将以下各位武将就在门口站立，不能再

1　朝廷中在摄关家以下，通常有资格担任大臣、近卫大将的家族，也被称作英雄家、华族。

往里面走了。足利义满进入门内，武家重臣们只能候在门外，二者的身份差异直白明了地呈现出来。拜贺正式开始后，管领斯波义将以下的各位武将稍稍往门里面挪了挪位置，想要看见义满，但义满的身后立有屏风，他们只能隐隐约约看个大概。这一刻，斯波义将这些发动政变成功的武将们，大概直观地感觉到了足利义满作为“云上之人”的身份。足利义满对仪式花的小心思可见一斑。

另外，本书后面还会写到足利义满一生中举办过的多次政治仪礼，义满对这些仪式活动特别热衷，也特别善于利用这些仪礼，本人又乐于在其中作秀，是个十足的“表演型人格”。右大将拜贺仪式总算成功举行，足利义满作为“室町殿”华丽亮相，属于他的时代终于到来了。

燕王就藩

与足利义满在政治舞台的亮相几乎同时，本书标题中的另一位主人公，后来的“皇帝”朱棣（1360—1424）也开始了他的政治活动。足利义满比朱棣年长一岁多，两位基本上算是同龄人。朱棣是明太祖朱元璋的第四子，但其生母是否为皇后马氏仍有争议。明洪武三年（1370），年仅10岁的朱棣受封燕王。按照朱元璋定下的诸王分封的规矩，他们需要在年长后到边疆去驻防，成为国家的屏障，抵御北方的元朝残余势力。洪武十一年（1378），诸藩王中年长的秦王朱樉奉命到陕西西安就藩，两年后，朱棣20岁，也正式启程离开南京，前往紧邻长城防线的北平（今北京市）就藩。这时距离元顺帝妥懽帖睦尔北遁不过才十来年时间，北平仍然残留着许多元大都时代的痕迹。燕王府的位置也就在元朝的隆福宫，大都皇城的西南，这里曾是元世祖忽必烈的太子真金的居所。

明初期代藩王，一般会统辖直属的护卫部队（藩王亲军）数千到1万人，此外，一旦发生紧急情况，还可以调动附近卫所，组成一支庞大的战斗部队。朱棣是明朝北部防线上最重要的藩王之一，此外还有代王、宁王、辽王等多位藩王，共同构成了明初期的御边力量。可以说，就藩北平的朱棣在明朝的军事体制中扮演了十分重要的角色，被太祖寄予厚望。朱棣本人波澜壮阔的一生，从这里才真正拉开序幕。

但是，朱棣在政治舞台上开始扬名的时间，比足利义满足足晚了十年。等到洪武二十三年（1390）的时候，30岁的燕王才奉命出兵漠北，俘获北元太尉乃儿不花及数万蒙古部众，得以一战成名。燕王朱棣毕竟不是明太祖的嫡长子，在京师的政治舞台上一步步积攒着政治经验，赢得了文武官员信任的是太子朱标（1355—1392）。

洪武十年（1377），朱元璋有意识地让太子朱标接触朝廷政务，锻炼他的能力，按照储君的身份培养太子。各项政令都需要首先报给太子处理，然后再呈递给太祖皇帝。朱标为人谦和、友爱，无论在朝臣之中，还是在诸皇子之间都极有人望，虽然在为政方式上与朱元璋有很多差异，父子之间也发生过多次的矛盾冲突，但始终没有影响他在朱元璋心中的地位。如果不是朱标后来英年早逝，皇位恐怕怎么也轮不到燕王朱棣。此外，在朱棣就藩的这一年，朱标的长子朱雄英还在世（两年后夭折），次子朱允炆也已经 2 岁。朱允炆就是那位后来在“靖难之役”中被叔父赶下台、不知所终的建文帝。两人都将在不久的将来和足利义满产生极其重要的关联。

燕王朱棣就藩北平的时候，鸭绿江以东的朝鲜半岛也在发生着一系列的转折和变动。带领高丽王朝逐步摆脱元朝势力的控制，走上了与明朝交好的“事大”之路的恭愍王王颛（1330—1374），即伯颜帖木儿，在 1374 年的时候被宦官和内侍暗杀身亡。关于这位恭愍王，笔者在《神风与铜钱：海岛日本遭遇世界帝国 1268—1368》中提到过多次，他还派出过赴日外交使节，是打破高丽与日本外交僵局的关键人物。在他死后，权臣李仁任把恭愍王之子推上了王位，即高丽禑王。据说禑王实际上是妖僧辛旽与恭愍王奴婢般若的私生子，因而后世被视作“伪王”，在史书上被剥夺了国王的身份，连个谥号都没有。禑王在位期间，大权基本上掌握在守门下侍中李仁任手中，朝廷内部有的希望延续亲明政策，有的则主张对北元交好，于是进入了一段和两边都有往来的特殊“两端外交”时期。禑王三年（1377）的时候，北元政权册封禑王，高丽停用洪武年号，行宣光年号。但很快又恢复了洪武年号的使用。朱元璋对此非常愤怒，两国关系一度十分紧张。直到北元在与明朝的战事中不断失利，辽东的态势也日渐明朗之后，高丽才越发希望恢复朝贡，在洪武十八年（1385）的时候获得了明朝的册封。

与此同时，高丽王朝的一位武将，正在凭借着战功不断提升着自己的地位。在燕王就藩这年（1380），倭寇以500艘船只侵入朝鲜半岛的镇浦口，上岸焚掠各州郡。一时间，“三道沿海州郡，萧然一空，自有倭患，未有如此之比”（《高丽史》）。禑王于是任命将领李成桂（1335—1408）为杨广、全罗、庆尚道观察使，领兵平倭。交战之中，李成桂的战马一度中箭倒地，他换马再战，又被射中。甚至战场上飞来的箭头还射中了他的左脚，就这样，李成桂力战不退，射杀了倭寇的首领阿只拔都，从而取得了战斗的胜利。这次战斗使得李成桂在军中的声望大为提升，或许也为他后来成功取代高丽国王，建立朝鲜王朝奠定了最初的基石。这一年，李成桂45岁，而他的第五子、后来赫赫有名的朝鲜王朝太宗李芳远（1367—1422），也已经13岁了，即将在三年后进士及第，登上政治舞台。他也将和足利义满，以及义满之子足利义持产生重要的关联。

天下僧录

讲了一小段同时期大陆上的局势变化之后，我们再将视线重新转回到日本列岛上。康历政变（1379）以后，还有一位重要人物的命运发生了变化。他从隐居之处，被足利义满召回京都，被任命为京都最高等级的禅宗寺院南禅寺的住持，这年十月，足利义满还给了他一个新身份："天下僧录"（《足利义满御内书》，鹿王院文书第 179 号）。这就是本章开头就提到过的一位政治僧侣——春屋妙葩。

当然，只说他是"政治僧侣"或许有些不太公允，春屋妙葩毕竟首先是一位实打实的禅宗高僧。春屋妙葩比室町幕府第一代将军足利尊氏小六岁，出身在甲斐（今山梨县），他的叔父是深得足利尊氏、足利直义甚至后醍醐天皇[1]信任的禅僧梦窗疏石。年仅 7 岁时，春屋妙葩就跟随梦窗疏石修行，建武元年（1334），梦窗疏石被后醍醐天皇召入京都时，春屋妙葩留在了镰仓，在元朝东渡日本的禅僧竺仙梵僊[2]身边做书状侍者，也就是从事秘书的工作。此后，春屋妙葩上京跟随叔父修行，参加了康永四年（1345）天

1　后醍醐天皇是南北朝时代的一位关键人物，曾领导倒幕战争推翻镰仓幕府，开启建武政权。但该政权很快倒台，后醍醐天皇后逃至吉野与室町幕府拥立的北朝对抗，成为南朝。

2　浙江宁波出身的禅僧，1329 年东渡日本。

龙寺的落成供养大法会。笔者在《神风与铜钱：海岛日本遭遇世界帝国 1268—1368》中已讲到，天龙寺是室町幕府为了超度他们曾经的主君,同时也是最大政敌的后醍醐天皇而建,政治意义重大。贞和二年（1346），梦窗疏石的弟子无极志玄接替梦窗做天龙寺第二任住持，春屋妙葩则升任后堂首座。观应二年（1351），梦窗疏石重新成为天龙寺住持时，春屋妙葩已经在梦窗门派中有举足轻重的地位了。

延文二年（1357），春屋妙葩成为京都等持寺的住持。等持寺这座寺院，在室町幕府的五山禅林体制中非常特殊。虽然是个禅寺，但它也是举办延历寺、兴福寺等显密大寺僧侣的佛事“法华八讲”的场所。“法华八讲”即《法华经》的讲经活动，是中世日本最常见的佛事之一，等持寺的“法华八讲”，是为超度足利家的历代祖先，以及足利尊氏本人而设。次年，天龙寺遭遇火灾烧毁，春屋妙葩受了幕府的委派，担起了重建天龙寺的重责。在此期间，春屋妙葩出色的事务工作能力得到了幕府的肯定，他在公武当权者心中的地位也逐日上升，政治方面的人脉逐渐拓展开来。

延文三年（1358），当时的后光严天皇（1338—1374）接受春屋妙葩授衣，礼春屋妙葩为师。后来，春屋妙葩又相继主持了一系列的天皇家和武家的佛事法会。可以说，通过为天皇、公家和武家重臣们服务，长袖善舞的春屋妙葩日益发挥出他的政治才能，为他的门派和禅宗势力赢得了越来越多的发展机会。贞治二年（1363），春屋妙葩被任命为天龙寺住持，追随师父梦窗疏石的足迹，他已经成为了名副其实的梦窗派一门领导者。同时，春屋妙葩也成为一位在公武统治者之间游刃有余的政治僧侣。

除了天皇、将军这样的顶层统治者之外，春屋妙葩还与多位幕府重臣交好。前面提到，在细川赖之执政的时候，春屋妙葩是反细川派的核心人物之一。但实际上，一开始两人关系并不差，贞治二年（1363）细川赖之为超度亡父建立一座新寺院之时，春屋妙葩还受邀亲临说法，主持了盛大的法会。次年，细川赖之又在京都景德寺为亡父举办十三回忌佛事，同样又是春屋妙葩升座说法。但与细川赖之交好的同时，春屋妙葩也与细川赖之的老对头斯波义将走得很近。斯波义将把春屋妙葩视为自己的老师。1368 年“南禅寺事件”发生的时候，细川赖之和春屋妙葩决裂，此后春屋隐居在丹后，与斯波义将一派的诸位重臣交往密切。如前所述，当明朝使节到来之时，春屋也站在了细川赖之的对立面。

政变发生后，细川赖之的反对者纷纷上了台，春屋妙葩当然也获得了重新出山的机会。足利义满给他任命的“天下僧录”这个职务，实际上是取自足利义诠任将军时的先例。当时，高丽王朝的恭愍王王颛派人出使日本，足利义诠便让春屋妙葩代表室町幕府出面，给高丽回信。足利义诠特别叮嘱春屋妙葩，让他在回信的时候署名“僧录”。僧录这一名称，来源于中国佛教中的僧录司。比如说宋代在首都开封设立的“左右街僧录”。僧录司中除僧录、副僧录之外，尚有讲经首座、讲论首座。僧录之下，又设置鉴义管理庶务。元代以后虽然最高佛教管理机构为宣政院，但在地方的僧官机构中仍可见僧录一级。明代起初设立善世院为僧官机构，后改称僧录司。此外，高丽王朝也有僧录机构。虽然当时日本并不存在“僧录”这个机构，春屋妙葩当然也没担任“僧录”这个职务，足利义诠还是让他以此自称，让他以这个高丽人能理解的称谓，证明自己代表“官方”的身份。于是，足利义满追随当年的先例，正式为春屋妙葩创设了“僧录”这个职务。

然而与中国或高丽不同的是，春屋妙葩担任的这个“僧录”，并不是日本佛教界整体的统辖者。如前所述，日本中世佛教既有的“正统”势力，是以延历寺、兴福寺等为代表的显密佛教。朝廷设立的管辖僧侣的机构是僧纲所，里面的僧位僧官[1]全部由显密佛教的僧侣担任，五山禅宗这种新传入日本的“后辈”派别是没有挤进僧纲的机会的。足利义满设立的“僧录”，实际上是专门管辖五山禅宗寺院的机构，是禅宗的专职僧官。并且，这个“僧录”不像中国的僧录司有很多的职员，上上下下其实就只有春屋妙葩一个人。

春屋妙葩成为代表室町幕府管理五山禅宗寺院的官员，可以说，这进一步强化了他政治僧侣的形象。春屋妙葩在禅宗体系里面

1　僧正、僧都、律师为僧官，法印、法眼、法桥为僧位。

权势滔天，举个例子，当时五山有一座寺院叫作东福寺，在京都的东南郊，本来是藤原摄关家创立的，被牢牢掌握在九条家、一条家手中，幕府的水很难泼进去。但春屋妙葩上台以后，在其斡旋下，东福寺屈从了幕府的管辖权。并且，东福寺僧众一度想要不顾百年来的寺规，请“别派”僧侣春屋妙葩过来做住持，指导他们门派的工作——虽被春屋妙葩推辞，但他权势之大可见一斑。

永德二年（1382）十月三日，春屋妙葩与他的同门，禅僧义堂周信（1325—1388）一起，和足利义满会面。此前，由于后光严天皇的典侍（女官）日野宣子[1]病逝，足利义满萌生了新建一座禅宗寺院的想法。日野宣子在朝廷当中极有发言权，曾经给足利义满提供了很大的帮助。此外，日野宣子还是足利义满的正室日野业子的姑母。确定了新建寺院的计划后，足利义满请春屋妙葩为新寺院取名。

根据义堂周信日记的记载，春屋妙葩当时回答说：“君今位至大丞相，名为相国寺如何？”任右近卫大将之后的时日里，足利义满在朝廷中的地位进一步蹿升，永德元年（1381）升任内大臣，次年已经成为左大臣，位列朝廷公卿首位。春屋妙葩称他为“大丞相”，指的就是左大臣之位。义堂周信听后也附和：“唐土东京（开

1　日野宣子是北朝宫廷中影响极大的一位人物，为宫中女官之首，永德元年（1381）升从一位。足利义满也是在日野宣子的撮合下，与其侄女日野业子成婚。

封）有大相国寺，恰好。”（《空华老师日用工夫略集》）足利义满听后非常高兴，最后确定以“相国承天禅寺”为正式的寺名。

十月二十一日，义堂周信又问足利义满，新建的寺院规模应如何规划。足利义满说，要么五十人，要么一百人。义满最初只打算建立一座小规模的寺院。义堂周信则怂恿他，先代（镰仓幕府）的时候，建立建长寺、圆觉寺，僧众都有1000人，天皇创立南禅寺、天龙寺亦是如此。要建就要建大寺院，不要建小寺院。足利义满推托“乏资财”，义堂周信遂道：“但令愿力坚固，纵虽今生不成，在他生必成就。”（《空华老师日用工夫略集》）于是在春屋妙葩、义堂周信二人的鼓动下，足利义满开始耗费巨大的财力来打造一座崭新的寺院。寺院的位置，就选在室町殿的对面，俨然将军宅邸的附属寺院。这座寺院就是后来京都禅宗五山之一的相国寺，这里也将成为足利义满后半生诸多政治活动的舞台。足利义满任命春屋妙葩为相国寺住持（但名义上追认已故的梦窗疏石为开山祖师），在春屋妙葩的多方活动之下，寺院的营建得以加速。遗憾的是，嘉庆二年（1388），相国寺工程未及完工，“天下僧录”春屋妙葩在鹿王院入寂。但“大相国”的黄金时代已经开启。

第三章　大相国

仪式达人

永德元年（1381），朝廷照例在正月初七这天举行“白马节会”的宫廷仪式。“白马节会”这个称呼来自中国古代的习俗。根据中国的阴阳五行说，若在春天能见到属“阳”的物品，就能避开一年的邪气，而春天代表青色，马又是属阳的动物，因此人们认为若是能看到青马，就能辟邪。这个说法流传到了日本以后，青马改成了白马，但白马两个字还是读作“青马”（あおうま）。朝廷在这一天举行仪式，群臣云集宫中，左右马寮的官员牵出一匹白马来给天皇御览后，再举行宴饮的活动。室町殿足利义满也在这次的仪式中被安排了任务，称作“外辩上首”。所谓“外辩”，是重要的宫廷仪式里面，担当会场外部各项事务的总负责人，指挥外侧各位仪式参加者的活动。“外辩上首”就是几位“外辩”的领导者。与之相对的词即“内辩”，指的是会场内部各项事务的第一责任人。一般来说，内辩和外辩加起来，就等于仪式活动的总导演、总调度，地位极其重要，是最顶层的公卿才有资格担任的。足利义满第一次参加，竟然就担任了外辩上首。作为外场负责人，他还在仪式上完整地履行了一系列的宫廷礼仪。

更为夸张的是，关于此番足利义满在白马节会上的表现，公卿、前关白近卫道嗣有明确的评价：“其作法颇以优美，天性之所禀欤。”（《后深心院关白记》）也就是说，对首次担任外辩的足利义满，他的评价是“姿态优美”“天赋异禀”。

公家社会里面最为常见的“政务”，和我们今天所理解的政务不太一样。解决民生疾苦，或是让老百姓发家致富，过上好日子，这些不是中世公家朝廷政务的主要内容。公家社会最为关心的，其实是那些一代代延续下来的，有着严密礼仪作法的宫廷仪式或贵族仪式。比如说，我们上一章讲到的右大将拜贺，就是一个这样的贵族仪式。中世以来，公家社会围绕着这些仪式仪礼记录、编纂了大量的文本材料“故实”，对这些礼仪的研究形成了一门学问“故实学”。在当时，对一个公家社会的成员来说，判断他能否在朝廷里边立足，最基本的要素，就是看他能不能在宫廷仪礼中扮演好他的角色。这些仪式里面除了基本的礼仪，还有大量的文学、音乐、舞蹈甚至体育活动，因此，一个优秀的公家，必须首先是一名文艺达人，是一名优秀的演员。

在文艺这方面，武士们实在不太擅长。除了极个别天赋出众的人，大部分武士在公家贵族眼中就是一群毫无文艺细胞、不懂礼仪作法的大老粗。比如说，当12世纪的军事贵族平氏一门挤进公家社会以后，虽然地位不断蹿升，但在公家贵族眼中仍然不过是一群暴发户，一到宫廷仪式的时候，平氏几乎都会成为被嘲笑戏弄的对象。足利义满当然知道这一点，要成为公家和武家双方的领导者，就不能像自己的父辈那样只操心幕府的事务，而是应该像一名真正的公家贵族一样，在宫廷仪式里面找到自己的位置。好在足利义满从小就受到公家贵族的熏陶，耳濡目染了很长时间，并且还有位好老师，也就是上一章提到的二条良基。二条良基极为尽责地给足利义满做了全方位的培训，这才让义满能够在宫廷仪式上“华丽登场”，技惊四座。

要说当时最重要的宫廷仪式，除了即位、立太子、立后、任大臣这些非常规的仪式，还有一些是每年在固定时间举行的“年中行事”。比方说在“节日”，也就是庆祝季节变化的日子里，每年都会举行元日、白马、踏歌、端午、丰明这样的“节会”，天皇会在这天与群臣宴会，庆祝节气的转换。今天日本人在五大节气时会吃的“御节料理”，就是这种“节日”习俗的遗留。其中，元日、白马和踏歌节会被视为三大节会。

根据松永和浩的研究，在三大节会活动里面担任内辩，足利义满一共有19次之多，跟他相比，文艺方面天赋差一些的其子足利义持一次都没担任过。从永德元年（1381）的白马节会外辩开始，永德二年（1382）的元日和白马节会，永德三年（1383）、嘉庆元年（1387）、嘉庆二年（1388）的三大节会，以及明德四年（1393）、应永二年（1395）的白马节会，足利义满都担任了内辩。当时人评价他在做节会活动内辩方面的“御练习之功”，已经让他参透了公家仪式的“奥义”（《福照院关白记》）。此外，在天皇的即位仪式中，以及很多诗会、管弦音乐之会上，我们都能看到足利义满积极的身影。可见，足利义满在公家仪式方面的能力和水平，不仅不弱于一般的公卿贵族，甚至可以说是其中的佼佼者，比公家还公家。

此外，松永和浩还考察了另一种和宫廷仪式不太一样的仪礼——石清水放生会。这是京都西南郊的大神社石清水八幡宫举办的最主要的神事活动，同时也是国家祭祀仪式之一。石清水八幡宫供奉的是八幡神，也被视作武家之神，从源赖朝的时代开始就受历代将军、武士们的信奉。因此，这个仪式对于笼络武士们的人心也很有帮助。在这个仪式上，足利义满率领着队伍庞大的公卿、殿上人以及朝廷官员参加，而且，不仅是这些公家贵族，幕府麾下的重臣武将们也被足利义满动员到了仪式当中。另外，这个规模盛大的仪式也吸引了很多京都民众前来观看，成了一个老百姓喜闻乐见的节庆活动。足利义满将自己在仪式中的核心地位，直白地展现在守护、幕府直臣乃至一般民众面前。就像之前的右大将拜贺一样，足利义满凭借他出色的表演能力，通过仪式仪礼来向人们传递政治讯息，让大家亲眼得见这位武家与公家社会领导者的风采。

同年（1381）七月二十三日，足利义满在朝廷里的官位更进一步，成为内大臣。大约从这时候开始，足利义满开始使用一个全新的花押（签名）。此前，义满在文书上签字的时候，会使用一个武家风格的签名，这是沿用自源赖朝时代的惯例。但这一回，足利义满开始使用一个公家风格的签名，以代表自己全新的身份。截至永德三年（1383）十二月武家风格签名停用之前，足利义满同时使用两个不同的签名，这代表了他既是武家又是公家的双重身份。为了庆祝义满升官，朝廷举行了热闹的任大臣节会，这一次，朝廷全部现任公卿中，只有三人没有到场。当然，足利义满为了能够把这群公卿聚齐，还是采取了一贯的“大棒加萝卜”手段。一边给来参加的人直接的好处,一边则对不积极的人施加威胁。在足利义满主导的历次仪式活动中，真的有不少公家贵族因此触怒义满，被免了职，丢了官。于是，公卿贵族们对足利义满又敬又怕。

看上去，足利义满或许只是希望这些和自己有关的仪式能够有足够的排场，用这样的机会检验群臣们是否忠诚。但是，足利义满本人参加朝廷仪式也十分积极。在义满以前,由于多年的战乱,朝仪废弛，很多活动都办不下去，公卿贵族们根本懒得参加。但义满以后，由于义满自己卖力地举办和参加仪式，还担任活动的内辩，公卿贵族们便没法像以往那么任性地请假或迟到了。于是，朝廷仪式的出勤率一下子就拉上来了。从这一点来看，与其说足利义满是在检验朝臣们对自己的忠诚度，倒不如说他现在俨然以朝臣的领导者自命，在检验大家对朝廷的忠诚度。足利义满一步步成为了朝廷的领导者。

“疯王”后圆融

康历政变（1379）前后，坐镇宫中的天皇是后圆融天皇（1359—1393）。那么，足利义满与后圆融天皇是什么关系呢？首先，足利义满的生母是纪良子，纪良子是京都石清水八幡宫的社僧[1]善法寺通清（纪氏）之女。纪良子有个姐姐，名叫仲子，后来做了公卿广桥兼纲的养女，改名广桥仲子。广桥仲了随后入宫，成为后光严天皇的妃子。仲子与后光严天皇育有多名子女，其中一位就是后圆融天皇。这么算下来，后圆融天皇是足利义满的表弟，而且他俩是同一年所生，义满只比后圆融大三个多月。二人有着极其

1　中世“神佛习合”的状态下，神社与寺院并无明显界限，大多数神社依附于佛教。神社中从事佛事活动的僧侣就是社僧。管理石清水八幡宫大小事务的寺院就是善法寺。

近的血缘关系。

然而，两个人的关系，实在可以用“恶劣”来形容。

我们需要把时间线再往前推，到后圆融之父后光严天皇的时代。后光严天皇本来是要被送到寺庙里面出家，没有继承皇位的资格的。但“观应扰乱”的时候，南朝军队趁着室町幕府军不备突然攻入京都，把当时的崇光天皇、光严上皇、光明上皇、直仁皇太子一并给抓走了。北朝在极为尴尬的情况下，才把后光严拉出来，把他扶上皇位。可以说，在北朝天皇的谱系上，后光严是一位合法性极为脆弱的天皇。延文二年（1357），可怜的崇光上皇终于被南朝给放了回来。但是，后光严已经坐稳了皇位，还打算让自己的儿子即位为下一任天皇，丝毫没有把皇位还给崇光一系的打算。于是，此后的几十年里，崇光一直想要得到幕府的支持，试图通过多方的运作，把自己的儿子扶上皇位。幕府这边细川赖之执政的时候，不愿意改变既有的政治态势，于是选择继续支持后光严，并且成功地让后光严之子后圆融在应安七年（1374）完成了即位大典。

对生性多疑的后圆融来说，康历政变的发生使他感到了不安。足利义满是否还会继续支持他？幕府是否有可能重新倒向崇光那一边？因此，他的考虑是尽早退位，传位给自己的儿子干仁（即后来的后小松天皇），这样，按照中世以来的规矩，自己可以作为天皇家的家长，以“治天之君”的身份实施“院政”。同时，早点完成退位和即位，也就能断了崇光的念想。但是，这需要得到足利义满的支持。首先，足利义满位列内大臣，在朝廷中发言权已经很大；其次，南北朝动乱之后的天皇家已经十分困窘，举行退位仪式和新天皇的即位仪式都需要花钱，这笔钱天皇家是拿不出来的，都得由幕府来出。

于是，永德元年（1381）十一月三十日，后圆融天皇与足利义满举行了一次密谈。密谈的内容记载于后圆融的日记《后圆融院宸记》上。后圆融天皇直截了当地和义满讲起了皇位继承的事。告诉他，自己的祖父光严上皇，当年已经明确说过，皇位要由后光严一系的子孙来继承。崇光的领地，要交给后光严。因此，按照祖父的遗愿，应该让皇位在后光严一系中传承，不该理会崇光上皇的无理要求。后圆融还说，自己有个儿子干仁，父子俩的进退，就拜托他了。足利义满点头称是。

这位皇子干仁，生母叫作三条严子，三条严子是公卿、前内大臣三条公忠的女儿。三条公忠也是南北朝时代著名的史料《后愚昧记》的作者。他想要在京都拿到一块新的土地，置办一处宅子，于是去找了足利义满帮忙。结果，这事情让后圆融大为光火。在这位小心眼儿的天皇眼中，三条公忠不去找他本人求情，而去求助于足利义满，实在有损他的面子。当时在很多事情上，足利义满和后圆融已生了嫌隙。况且，朝廷中的廷臣们，乃至摄关家的元老二条良基，都站在足利义满一边。这一回，后圆融小心翼翼地向足利义满提了皇位交替的要求，虽没怎么遭受义满的异议，但又让他欠下义满的人情。既看义满不顺眼，又不得不求助于他，这是后圆融遭遇的最为尴尬的状况。

永德二年（1382）四月，后圆融得偿所愿，正式退位。干仁接替皇位，是为后小松天皇。后圆融如愿退位成为上皇，开设院厅，实施院政，足利义满亲自担任院执事，相当于成为后圆融上皇院政的秘书长。但两人的关系并没有缓和，反倒更加恶化。后圆融退位之后，按规矩得举行即位的典礼，义满为此上奏，后圆融却置之不理，结果义满索性绕过后圆融，与二条良基直接操办起来。二条良基现在是新任的摄政，明眼人都能看出来，有足利家的家长（义满）和摄关家的家长（良基）合作，哪怕不需要后圆融支持，即位典礼照样能办得起来。当时，三条公忠就在日记里说，后圆融这个人“每事不寻常”，也就是不太正常，“与武家乖违，岂可被达御意哉”（《后愚昧记》），老和义满对着干，就这还非得要实现自己的意愿，这可能吗？在南北朝动乱之后公家贵族们的钱包捉襟见肘的状态下，不和武家合作，根本就寸步难行（虽然武家也不富裕）。摄关家元老二条良基就非常明白这个道理。或者说，这个道理公家社会人人皆知，唯独后圆融不知。十二月二十八日的即位仪式当天，年幼的后小松天皇与足利义满乘坐同一辆马车出发前往仪式场所，在高御座举行即位仪式时，足利义满和二条良基在一旁侍奉。这一天，后圆融干脆来都懒得来。这在中世历代天皇的即位典礼中，也是极为奇特的。

朝臣们都看得出来，后圆融和足利义满的关系非常微妙，义满在后小松即位以后，已明确成为新天皇的扶持者，疏远后圆融上皇。于是，后小松天皇这边举行宫廷仪式的时候，朝臣们争先恐后地出席，而到了后圆融一边，则是门可罗雀。后圆融发现自己退位后并没有如预想的那样成为真正的“治天之君”，反而遭到了足利义满、二条良基乃至朝臣集体的孤立。这令他难以忍受。

当时甚至有谣言说，足利义满与后圆融的宠妃私通，后圆融上皇敏感的神经彻底绷不住了。永德三年（1383）二月，后圆融突然闯进宠妃后小松天皇生母三条严子的房间，用刀背猛烈地殴打严子，把她打成重伤，血流不止。事情传出，朝野一片哗然。三条严子很快被送回娘家养伤，足利义满也专门派去了医生。当时朝廷中传言后圆融已经精神失常了。但事情到这里还没结束。之后，足利义满派人到后圆融那里去查看，后圆融疑心自己恐怕要被义满流放出京了，竟然把自己关在佛堂里面，想要切腹自杀。这实在是中世以来闻所未闻、见所未见的异常事态。事后，足利义满给后圆融写了封起誓文，发誓绝无私通之举，这才勉强让后圆融平静下来。然而，后圆融的一连串失态，让他在朝廷中的权威已无可挽回地崩塌了。此后，后圆融再也没能重新拿回自己的权力。后圆融院政事实上已破产，朝廷的最高指挥棒，也就顺理成章地转移到了足利义满的手中。

南都北岭

康历政变（1379）后的这段时间，实际上也是足利义满对显密大寺社采取的政策发生重要转换的时期。读过拙著《神风与铜钱：海岛日本遭遇世界帝国 1268—1368》的读者应该知道，中世日本的显密佛教大寺院、大神社，很多都拥有了强悍的经济、政治和军事实力，作为“寺社势力”活跃。特别是在南北朝动乱期间，显密大寺社动乱不已，武装冲突不断。比方说，应安四年（1371），延历寺下属的两大门迹寺院[1]青莲院和妙法院大打出手，青莲院这边的大将，是一位叫圆明坊兼庆的普通僧侣。永和三年（1377），金轮院英澄率领他麾下的徒众与月轮院永觉一方交战。彼时，金轮院、月轮院各自构筑城郭，双方兵力号称上万（《后愚昧记》）。作为中世实力最强大的寺社势力，延历寺虽然有个负责人叫天台座主，但这时已经完全约束不了寺院的僧众。延历寺下属的青莲院、妙法院、梶井三个门迹寺院的院主，一样无能为力。偌大的比叡山上下，各位实力派众徒（僧侣）不听号令，互相攻讦，纷争不断。

延历寺又称山门，或者北岭，他们与另一寺社势力——奈良的兴福寺，当时并称“南都北岭”，令公武统治者最为头疼。兴福

1　门迹指由贵族世代担任门主的寺院，一般规模较小，是大寺院的组成部分，大寺院的寺主（座主、别当）多由门迹的门主担任。

寺麾下有两大门迹寺院，一座叫一乘院，一座叫大乘院，分别以摄关家的近卫、九条家为后台。兴福寺大大小小的末寺、子院，大多在这两个门迹寺院的控制之下。到了南北朝动乱的时候，因为诸多利益方面的冲突，两大门迹寺院之间爆发了内战，整个奈良乱成了一锅粥。

而且在战乱之中，北朝和室町幕府权力基础薄弱，又面临财政困难，实在控制不了、招架不住这些寺社势力。当时，朝廷主要的国家佛事法会活动，如法胜寺八讲、御斋会、最胜讲这些佛事，都出现了无法举行或被迫延期的情况。除了钱的问题以外，国家佛事活动的人员安排也是个令人头疼的问题，各大寺院、宗派的利益关系都要协调，如果平衡不好，就可能引发新的矛盾，造成火上浇油的后果。即便是室町幕府自己举行的超度足利家祖宗的法华八讲佛事，也曾遇到过显密僧侣拒不合作、直接罢工的情况。朝廷里最为重要的佛事活动叫“最胜讲”，但贞治六年（1367）八月十八日，宫中举行最胜讲佛事时，参加佛事的延历寺与兴福寺的僧众数百人竟然打作一团，死 4 人，伤数十人。这样的恶性暴力事件发生在国家大型佛事期间，还发生在宫禁之内，简直是前无古人后无来者。寺社问题在室町幕府建政的初期，可以说一直就是头等问题。当然，也是足利义满亟待解决的问题。

于是，足利义满在康历元年（1379）给延历寺创设了一个新的职位：山门使节。此前，室町幕府一直是按照寺院内部既有的身份秩序和寺官组织来交涉的，然而应安元年（1368）却发生了“南禅寺事件”，当时延历寺与禅宗寺院南禅寺发生纠纷，延历寺要求幕府处罚南禅寺住持，拆毁南禅寺山门。结果，延历寺僧众与幕府紧张关系不断升级，幕府这才发现天台座主、三门迹这些寺内高位僧侣、寺官丝毫控制不了寺内的局势，缺乏与僧众们对话的能力，更无能力解决问题。冲突结束后，按惯例又得幕府出钱，帮延历寺修缮损坏的日吉神社[1]神舆，也就是神明乘坐的轿子。幕府于是开始和延历寺僧众们协商对话，事情一直兜兜转转没什么进展，直到康历政变（1379）之后的第二个月，一群延历寺僧众与足利义满会面协商，总算谈拢了。史料记载，这次与义满面对面协商的延历寺僧众，除了寺内的“宿老”之外，还有几位被称为“山门使节”的人（《日吉神舆御入洛见闻略记》）。学者下坂守推测，他们正是使得问题顺利解决的关键。

山门使节是由幕府这边从延历寺僧众中选出来的代表，是足利义满挑选出来的能够在延历寺僧众和幕府之间对话的人。根据下坂守的研究，被选为山门使节的人有三个特征：第一，在延历寺内有比较强大的军事实力；第二，是青莲院、妙法院、梶井三

1　附属于比叡山延历寺的神社，每次发生“嗷诉”时，延历寺僧众都会把日吉大社的神舆抬上山，再沿比睿山西侧的“云母坂”抬下山。“嗷诉”即寺院或神社以“神意”为依托，对统治者发动的集团上诉，以试图让其接受自身诉求，一般带有暴力性质。

门迹的门徒；第三，有的对延历寺下辖的关卡享有一定利权，有的则担任末寺的奉行，总之，是掌握着很多利权的人。简言之，就是延历寺当中有较强经济、军事、政治实力，掌握最多利益链条的人，是僧众里面的地头蛇。

足利义满选择山门使节的标准，不问出身，单论实力。不管他在延历寺内是怎样的身份地位，担任怎样的正式职务，义满看中的只是他在僧众中实际上的说话分量。并且，当时延历寺的僧众，除了在山上的“众徒”集团外，还有一批在山下琵琶湖西岸的坂本生活的“山徒”，这些人一般娶妻生子，算不上多么合乎规范的僧侣，若论地位，在寺内也并不高。但他们之中部分实力派的山徒，当时已经颇有财力，甚至掌握着数百人以上的军事动员能力，令幕府无法小觑。山门使节就从这一群体中选出。他们虽为比叡山的僧侣，却作为山门使节被幕府“招安”，摇身一变成为幕府执行机关的一员，是幕府统治延历寺的代理人。换言之，他们既属于延历寺，又听命于幕府，一方面是延历寺僧众的代表，另一方面又是幕府旨意的传达机构。他们俨然幕府设立的“延历寺守护”，需要按照幕府的指挥，在延历寺控制范围内行使军事警察权，于是，他们麾下的山徒也一并成为了室町幕府麾下的军事力量。后来，这些人果然在幕府需要的时候，作为军事力量为幕府效命。

有了这个制度，足利义满对比叡山延历寺的控制一步步取得了成功。当然，此后义满还在延历寺上面花了大工夫，创设了各种配套制度。而且，几乎与此同时，足利义满如法炮制，在对南都兴福寺的控制中也采取了这种直接而务实的对策。对朝廷和幕府来说，南都兴福寺是和延历寺一样很难对付的刺头。康历二年（1380）兴福寺又发动了一次“嗷诉”，这次以后，幕府不再像以前那样通过朝廷和藤原摄关家来和兴福寺对话（兴福寺是藤原氏的氏寺），而是绕过他们直接派出使节与兴福寺僧众交涉，和寺中实力派、最具军事实力的人直接对话。兴福寺的若干僧众集团[1]中，幕府积极任用其中的“官符众徒”集团，给他们诸多好处，这些兴福寺的地头蛇被幕府收编为近乎“大和守护”的统治代理人。此外，朝廷内还设置了专职负责朝廷、幕府对兴福寺交涉的职务“南都传奏”。此后在整个足利义满的执政期间，兴福寺的“嗷诉”偃旗息鼓，各势力终于开始听从室町殿义满的号令。这样一来，足利义满务实的显密大寺社政策，已经初见成效。可以说，义满在显密寺社对策上表现出了超越他年龄的成熟政治素养。

义满的权力

当然，足利义满并不仅仅是朝廷和宗教势力的领导者，他还

1 兴福寺内部有多个僧侣集团，比如六方众、学侣等。

是幕府的将军，武家领导人。但相较于他在公家社会内权威的急剧上升，在武家，也就是室町幕府内部，弥补康历政变后的裂痕，重建强有力的将军权力，却并不是那般容易的事情。

细川赖之下台之后，幕府重臣的首班，自然就是新任管领斯波义将。如前所述，足利义满也曾下发过抓捕细川赖之的文书。但实际上，由于细川赖之手下领国众多，势力庞大，对他的抓捕命令几乎没什么作用。加之，足利义满本人也希望把细川赖之运作回幕府中枢，以维持幕府内部细川派和斯波派的平衡。因此，康历政变后的幕府政治很大程度上仍然基本维持着政变前的格局。

在幕府内部，存在着好几位手握多个领国的实力派大名。顺便一提，这里所说的“领国”的“国”，不是指现代语境里的国家，而是日本前近代的一级行政区划，相当于古代中国的州或者省。朝廷在“国”里面设置的行政长官职位叫“某某守”，在南北朝动乱后已经没有多大实际职能。幕府在“国”里面则设置“某某守护”之职，这个职位原本是镰仓幕府设立的幕府地方军事主官职务，并非世袭，但在南北朝动乱期间出于军事作战的需要，守护的权限不断扩大，演变为掌握地方军政事务的长官职务，并且能够世袭。幕府对地方的政令传达和政务执行，均须守护协力才能完成。

这些实力强劲的大名，都是在南北朝动乱，特别是 14 世纪中叶的“观应扰乱”中在将军的认可下逐渐扩大了自己的势力范围的。其中，势力主要在本州岛西部的山名氏家族，在全日本 66 个

“国”之中兼任11国守护，号称“六分之一殿”。山名氏既是细川赖之曾经的政敌，也是足利义满权力扩张道路上的潜在威胁。山名氏掌握11国守护之职，也就意味着手握11个领国。此外，在康历政变之际与斯波义将联合的另一位反细川派关键人物土岐赖康，也身兼美浓、尾张、伊势多国守护之职。反倒是身居管领之位的斯波义将，当时手底下的地盘并不多。因此，政治史学者山田彻认为，斯波义将本人的政治权力基础十分脆弱，这使得斯波义将没能成为细川赖之那样强权的管领，而是只能屈从于将军足利义满之下。

在之后的时间里，土岐氏和山名氏都对足利义满的权力构成了威胁，先后爆发了叛乱。足利义满对武家重臣的控制力，要到叛乱平息以后才能真正得到加强。因而，康历政变（1379）后的十年间，尽管足利义满在公家社会中的地位不断蹿升，但他对武家社会的控制力仍然是有限的，权力基础仍然薄弱。

前面提到，明太祖之所以拒绝足利义满的通使，除了因为义满的使团缺乏表文，义满本人也并非真正被册封过的“日本国王”之外，还有一项重要的因素，那就是明太祖指责义满未能解决倭寇问题。顺利压制活跃于九州岛与明朝、朝鲜半岛航路上的倭寇，是能被明朝接纳的前提条件之一。但这就需要满足另一个条件：倭寇的来源地在九州岛一带，想要压制倭寇，解决倭寇问题，需要足利义满对九州岛有十足的控制能力。然而，当时足利义满在九州的统治基础，同样并不稳固。

康历政变（1379）前后的九州岛是什么样的情况呢？如前所述，九州岛一度是南朝势力影响极大的地方，南朝征西府的领导者怀良亲王，在菊池氏等九州地方势力的支持下，数度击败室町幕府军，占领了九州的政治中心博多、大宰府（今福冈市）一带。怀良亲王还与明朝通使，获得了明太祖朱元璋的承认，被封为“日本国王”。但是，自打室町时代幕府更换了九州方面新的主帅，在应安三年（1370）任命猛将今川了俊做九州探题[1]之后，形势开始逐渐发生了变化。应安五年（1372），今川了俊夺回大宰府，重新掌握了战场的主动权。然而，永和元年（1375），室町幕府军里发生了意想不到的分裂，今川了俊麾下的少贰冬资不服了俊，与其的矛盾升级，竟然在宴会上被今川了俊当场谋杀，结果，少贰氏家族彻底倒向了南朝一边，原本与了俊同盟的萨摩（今鹿儿岛县）岛津氏也跟他闹翻了，于是，今川了俊很快在接下来的战役中惨败。九州的战局又再度变得不明朗起来。

如此，南北朝动乱之所以能够持续近六十年之久，不是因为忠心于南朝的军事力量真的有多么强大，而是因为有了南朝这杆旗号在，原本效命于室町幕府的各路势力一旦有什么不满，随时就可能摇身一变，披上南朝的战袍，跟幕府作对。对幕府和北朝

1　幕府设立的九州方面的军政长官。

而言，南朝军打都打不完。今川了俊在遭遇挫折以后，转而寻求本州岛西部一大地方势力大内氏的帮助。大内氏号称朝鲜半岛百济王族的后裔，因其势力范围地处对朝鲜、明朝贸易的前沿，长期以来与海外贸易关系密切。大内氏的大内义弘（1356—1400）受今川了俊之邀登陆九州，随后军事行动很快奏效，取得了作战的胜利。在康历政变（1379）前夕，今川了俊、大内义弘一方的室町幕府军卷土重来，重新掌握了战场的主动权。此后，九州的南朝势力终于逐渐衰弱下去，没能再重整旗鼓。

康历政变发生后，细川赖之下了台，作为细川派重镇的今川了俊，也不被斯波义将等人信任。于是，今川了俊的丰前（今福冈县东部、大分县西北）守护一职被大内义弘取代。后来，今川了俊在应永二年（1395）被罢免了九州探题之职，晚年不问政事，从事历史写作，其著《难太平记》成为史学名著。而在康历政变后不久，大内氏家族内部也发生了继承人纠纷，进而引发了大内氏的内战（1381）。九州、西国的局势仍旧处于极为混乱的状态中。之后，在足利义满的支持下，大内义弘取得了大内氏内战的胜利，与其弟大内满弘和解。在这一过程中，由于大内义弘的势力渗透到了九州北部，得以成功控制了松浦半岛等传统的倭寇盘踞地区，大内义弘便借此机会向高丽王朝示好，派遣麾下的朴居士率领 186 名武士到高丽的庆尚道去，协助高丽军剿倭。但没想到，他们竟然因为缺乏高丽军的有效支援，被一群倭寇打得大败，仅剩 50 人逃了回去（《高丽史·河乙沚传》）。尽管如此，大内义弘还是获得了高丽人的信任，迈出了与朝鲜半岛通交的关键一步。九州的问题虽然没有彻底地解决，但还是在朝着有利于足利义满的方向转变。

相国寺工程

上一章的最后部分我们提到，永德二年（1382），足利义满在禅僧春屋妙葩、义堂周信的怂恿下，决心创建一座规模宏大的禅宗寺院，也就是相国寺。相国寺工事开始后的第二年，足利义满被授予“准三宫”的至高地位。什么是“准三宫”呢？这个称号也叫“准三后”，三后即皇后、皇太后、太皇太后，准三后就是说足利义满享受皇后、皇太后、太皇太后待遇。当然，这里所说的是政治待遇。后来，足利义满在对明朝通使时，就是自称“日本准三后”。十二月二日，相国寺寺名由“承天相国禅寺”更名为“相国承天禅寺”。十三日，春屋妙葩就任相国寺住持。十四日，足利义满亲赴相国寺的工地，效仿镰仓时代南禅寺创建时的龟山上皇，亲自担土，以示自己亲自为相国寺的工程出力。

至德元年（1384），相国寺举行佛殿立柱仪式。次年十二月十一日，相国寺举办佛像点眼，也就是开光的佛事，京都禅宗五山诸寺共计1000名僧侣参加了盛大的法会。至德三年（1386），春屋妙葩的师侄空谷明应接替他成为相国寺继任住持。当年七月十日，足利义满效仿元代元文宗图帖睦尔创建大龙翔集庆寺的典故，将南禅寺升格为“五山之上”。笔者在《神风与铜钱：海岛日本遭遇世界帝国1268—1368》中提到，位于南京的大龙翔集庆寺是由元文宗的宅邸改建而来，到了明代仍然地位极高，是明朝僧录司的所在地。把南禅寺升格为“五山之上”后，足利义满重新编定了禅宗五山的位次。至此，南禅寺为五山之上，足利尊氏创建的天龙寺为五山第一，足利义满创建的相国寺为五山第二。这样，日本禅宗仿效宋元建立的五山十刹制度最终确定下来。形式上，足利义满的相国寺居于天皇家创建的南禅寺、足利尊氏创建的天龙寺之下，但正如细川武稔所指出的，室町幕府的五山禅宗祈祷体系实际上是以相国寺为中心的。足利义满的相国寺不仅是他个人权威的彰显，也是室町禅宗实实在在的核心。

相国寺当中有一个塔头，也就是大寺院内部的小寺院，叫作鹿苑院，名称自然是来源于释迦牟尼的鹿苑精舍。前面我们提到，足利义满本人去世后，埋骨之地就是鹿苑院，足利义满本人也被叫作“鹿苑院殿”。这座鹿苑院成为了日本禅宗管辖机构——僧录的驻地，担任鹿苑院院主的人，同时担任僧录。因而，日本五山禅宗的管理者就称为“鹿苑僧录”。在鹿苑院里还有座斋室，名叫荫凉轩，每逢将军入相国寺参访礼佛时，都在荫凉轩内小憩。荫凉轩实际上是将军在相国寺的私人宅院。而荫凉轩的负责人，也就是荫凉轩主，后来成了将军禅宗方面事务的助理，为将军传递禅宗寺院相关的事务讯息，在其中上传下达，跑前跑后，办理各种业务。在室町时代后来的历史上，荫凉轩主和鹿苑僧录成为了五山禅宗里面权力最大的两个人。由于禅僧也负责室町幕府外交的各项事务，这两个职位同时也担当了室町幕府对明朝的外交事务，哪怕说鹿苑僧录和荫凉轩主是兼职的外交部长也不为过。荫凉轩主们留下的一本日记《荫凉轩日录》，还成为研究室町时代禅宗史、政治史和对外关系史的重要史料。

明德元年（1390）前后，相国寺的主体建筑已经日臻完善。实际上，相国寺的营建对足利义满来说也并不容易。上一章我们提到，当春屋妙葩、义堂周信怂恿他建寺的时候，他的第一反应就是“没钱”。这绝不是足利义满推脱。在南北朝动乱期间，不光是公家朝廷的财政状况捉襟见肘，需要仰赖幕府的支援，幕府自己的腰包也一样不宽裕。

这里还需要对中世国家的财政体制做一个简单的介绍。普遍认为，中世国家是以庄园制为基础的，各个“权门势家”，也就是公家、武家、寺社这样掌握权力的门阀世家，都是以遍布全国的庄园为自己“私”的经济来源。但即便如此，国家“公”的统一财政并非完全不存在，比方说，举行大型仪式或开展大规模工程的时候，通常会向全国的庄园、公领征收一种名为“一国平均役”

的税，这实际上就是一种国家税收。此外，天皇即位时，有时会征收“即位段钱”，也就是按土地面积单位“段”来收取的临时税。再者，像幕府这样的权门，也会给朝廷提供财政支援，叫作“御访”。到了义满的时代，朝廷这边的税收收缴渠道不畅，“段钱”这类国家税已由幕府来代收。此外，幕府还有来源于武家主从制秩序的财源“守护出钱”，也就是守护们给幕府上缴的献金。南北朝动乱的后期，朝廷的财政几乎陷于崩溃的地步，这使得朝廷更加依赖幕府的财政支援了。

前面提到的那些宫廷仪式，特别是后圆融的退位、后小松的即位，每一项都得幕府花钱，要再建一座大寺院，实在很难抠出钱来。在足利尊氏、足利直义建天龙寺的时候，曾经有三个资金来源：第一，寺院设立庄园田产；第二，卖一批朝廷官位；第三，派一艘贸易船，到中国挣钱去（《天龙寺造营记》）。结果因为打仗，前两项资金都不太顺利，最终还是靠了国际贸易。在足利义满修相国寺的时候，国际贸易的途径还因为和明朝断交以及海禁政策，实际上被断了。相国寺这项烧钱的大工程给义满带来了很大的压力。特别是后来（1393），足利义满还开始在相国寺建造一座高层建筑——七重大塔。一连串的烧钱过程中，足利义满通过“段钱”，也就是临时征税的方式，勉强解决了问题。

明德元年（1390）四月，初步落成的相国寺举行了足利尊氏三十三回忌的追荐佛事，足利义满、二条良基以下众多公卿殿上人出席。虽然相国寺是一座禅宗寺院，但这次忌日佛事确实是一次百分之百的显密佛教的佛事，来的僧侣是延历寺、兴福寺这样的显密僧侣。相国寺内还有一个专门举行显密佛事“法华八讲”的建筑，叫作八讲堂。明明是一个五山禅宗的寺院，里面却有了显密佛教的空间。从此，相国寺就不仅举办禅宗佛事了。足利义满实际上在寺中单独开辟了一块场地，把它用作举办大型显密佛事活动的“剧场”。这个剧场由八讲堂和七重大塔构成，位于相国寺的东侧，和西面的禅宗空间有明显的界限。足利义满在这里举行大型佛事法会，夸示自己在宗教上的影响力。而同一寺院内划分的不同空间，也象征着足利义满对五山禅宗和显密佛教两大势力的亲善态度。五山禅宗和显密佛教这对新旧势力旷日持久的冲突，终于在义满的时代落下了帷幕。

第四章　将军出家

南北朝合一

康应元年（1389）三月，足利义满从京都出发，沿濑户内海沿岸的山阳道，也就是大约今天山阳道新干线，一路西行，巡视本州岛西部。足利义满一行从兵库出港，抵达了四国岛的赞岐宇多津（今香川县），在那里和细川赖之会面。之后沿着海岸线继续西行，抵达周防（今山口县），受到了大内义弘的热情接待。然后试图继续西行到九州，但因为天气变化的缘故，他最终放弃了继续去九州的计划，启程返回京都。义满的这次出行当然不是为了旅游观光，而是带着明确的政治目的，即加深与西国各大名的关系。义满的计划果然奏效，返程的时候，大内义弘这位实力派决定与义满同行，此后滞留在京都，成为幕府政治的重要一员。

就在义满西行的前一年，担任美浓、尾张等多国守护的实力派大名土岐赖康去世。足利义满耍了个手段，阴谋挑起了土岐氏内部的继承人纠纷，引发了土岐氏的内战。结果，土岐氏势力大为衰弱，义满的如意算盘得逞。之后挡在义满面前的就是“六分之一殿”山名氏了。1376 年，山名氏由山名时义继承家主之位，而山名时义与其侄山名满幸不睦。康应元年（1389）山名时义去世，足利义满趁此机会，放任山名满幸、山名氏清（山名时义之兄）夺权，让二人瓜分了山名时义留下来的地盘。而后，足利义满伸出手来对付二人。他先是在明德二年（1391）三月把细川赖之请回京都，这让一直与细川赖之关系紧张的山名满幸、山名氏清十分不满；接着，又以山名满幸掠夺后圆融天皇领地的罪名，蓄意对他加以处罚，把他从京都驱逐出去。于是，感觉受到侮辱的山名满幸干脆决定造足利义满的反。山名满幸、山名氏清分别从京都西面、南面率军向京都进发，幕府军则在京都西面、北面迎击。足利义满率领的幕府军麾下，还包括了细川赖之、大内义弘的兵力。

明德二年（1391）十二月三十日，双方爆发激烈冲突。战场在“内野”一带，即原来的平安京的宫城大内里，此处建筑基本上不剩几座了，已经是一片旷野，这场战斗叫作“内野之战”。战斗仅持续了一天，就以山名氏一边的大败而告终。这次动乱就是“明德之乱”。足利义满虽然是幕府的将军、武士的领袖，但明德之乱却是他一生中为数不多的一次“御驾亲征”。这一战，山名氏损失惨重，山名氏清当场战死，山名满幸狼狈逃走。足利义满见状，趁势没收了山名氏的大量领地，山名氏残余的地盘只剩下了三“国”，“六分之一殿”就此灰飞烟灭。至此以后，在足利义满执政时期，日本列岛再也没能出现山名氏这样能够威胁到室町幕府中央政权的势力。义满的权力基础真正得到了巩固。

明德三年（1392）四月十日，足利义满命五山禅僧1000人为山名氏清以下战死者举行盛大的水陆法会，超度“剑戟交锋，冤亲共殒命”的亡魂（《诸回向清规》）。水陆法会是日本禅宗从宋元中国引入的佛事法会，在南北朝动乱期间，就已经为超度战死者亡魂所使用。据说，在战斗结束后，内野的战场还能听到战斗的声音，十分可怖（《明德记》）。之后，足利义满又选址内野附近的神社北野天满宫[1]，请了1000名显密僧侣，举行了规模宏大的《法华经》十日诵读法会。义满还专门为法会修建了新的会场，叫作“北野经王堂”。根据梅泽亚希子的考证，这个被称作北野万部经会的佛事法会此后长期延续下去，年年举办，成为室町幕府雷打不动的惯例活动。就这样，义满试图用盛大的佛事法会弥补战乱造成的人心的创伤，以超度敌我双方战死者的方式，向人们宣告新秩序的来临。

终于，分裂的时代也要画下休止符了。经过漫长的对峙，南朝一方的势力实际上已经十分衰弱，逐渐失去了与北朝和室町幕

1 祭祀“学问之神”菅原道真的神社，对菅原道真的信仰称作“天神信仰”。

府继续纠缠的本钱。他们还剩下的就只有和谈这一条路了。明德三年（1392），南朝后龟山天皇与北朝和室町幕府达成了协议，以恢复“两统迭立”，即以南朝北朝两系天皇家族交替继承皇位为条件，南朝向北朝交还象征帝位合法性的“三件神器”，南朝天皇退位，南北两系归于后小松天皇一人。十月二十八日，后龟山天皇离开奈良山地的吉野，然后一路北行，于闰十月抵达京都西郊的大觉寺。这样，南北朝近六十年的对立（1336—1392）正式结束。室町幕府终于在足利义满的手上，完成了统一大业。当然，在南朝被接收完成以后，室町幕府撕毁了与后龟山天皇的协议，没有让南朝的子嗣继承皇位，无视了“两统迭立”的条件。南朝被彻底地戏耍了。

明德之乱的胜利、南北朝的合一，使得足利义满个人的声望和权威达到了顶峰。这时，足利义满所领导的室町幕府已经不再是镰仓幕府或者早期的室町幕府那样单一的武家权门机构，以室町殿，即足利家家长为中心，在室町殿足利义满保护下的公家、武家、寺社势力协力的新型统治秩序终于完成，这就是“室町殿体制”。诞生于动乱之中的室町幕府，终于迈进了一个新的时代，室町时代到来了。

剃发为僧

南北朝合一（1392）后的第三年，年号已经改为“应永”[1]。这是一个很长的年号，从1394年一直持续到1428年，从将军足利义满的时代，到足利义持、义量的年代，都是这个年号。应永时期是室町幕府历史上政治最为稳定的时期，虽然也有几次战乱，但总体上保持相安无事的状态，是一段难得的发展黄金时期。这段时间因此被称作“应永和平”。这是日本史学界仿造“罗马和平”“大英和平”制造出的词汇。

应永元年（1394）十二月，足利义满辞去了征夷大将军之位，将这个官职传给了他的儿子足利义持。第二年（1395）六月，义满连太政大臣这个象征朝廷最高位分的官职也辞去了。于是，足利义满成为无官之人。同月，足利义满出家为僧。

在中世时期，人们常常因年老、疾病、愿望强烈、政治失败等多种因素出家。这就是平雅行所说的“在俗出家”。大部分俗人的出家并不意味着入寺修行，恰恰相反，他们出家后仍是一家之主，仍然保留权力和职分，甚至很多人并不持戒。比如，平安时代权倾朝野的藤原道长（966—1028），就是在出家以后仍然执掌大权，

1 一开始足利义满选定的年号是“洪德”，意在模仿明太祖的“洪武”。但遭到公卿贵族的反对，遂重新选定为“应永”。

院政时代的多位法皇也是如此。事实上，足利义满早年就已经礼禅僧为师，拜梦窗疏石塔，受禅宗法衣，并取名“道义”，道号“天山”。佛教史学者原田正俊指出，这种从禅宗高僧那里接受法衣的仪礼在此后的室町幕府历代将军之间几乎代代举行，是一种最高当权者皈依禅宗，成为居士的礼仪。但成为居士，做俗家弟子这种想法实际上来源于宋元佛教，和日本当时普遍的风俗有些不同。更为普遍的风俗还是“在俗出家”。于是，已经站在公家、武家、寺社势力顶点的足利义满依旧不满足于成为居士，而是希望剃度为僧。剃度后的足利义满都以僧形示人。至少在外观上，他是一名真正的僧侣。这也就是我们在第一章提到的足利义满肖像形象的来源。

但是，足利义满对这次出家剃度的追求不仅于此。看上去，这只是他个人皈依佛教的行为，但义满没有放弃这次机会，给出家赋予了政治上的意义，把出家仪式搞成了让麾下的公家和武家宣誓效忠的仪式。这是怎么一回事呢？实际上，足利义满不仅是自己一个人出家，他还要把其麾下的公家和武家重臣们拉过来，搞个“同心出家”，比方说公家的近臣中山亲雅、四条隆乡、山科教言，武家的重臣、管领斯波义将，以及大名大内义弘，哪怕不情愿，也被迫剃了头发，和义满一起出了家。幕府的历史上还没出现过僧形的管领，斯波义将是第一个。并且，按照惯例，哪怕是“在俗出家”，也必须辞掉朝廷授予的官位，但斯波义将在出家后却没有辞掉官位，后来甚至还升了官。当时，斯波义将根本没有出家的打算，但义满竟然亲自前来询问他要取什么法名，斯波义将这才无可奈何出了家。同斯波义将一样，很多人根本不愿意剃发，但迫于足利义满的压力和三番五次的催促，也只能落发为僧。公家贵族花山院通定因为没有立即答应，甚至被义满强制出家。大名们出家的时候，喜好角色扮演的足利义满亲自给他们剃度，做他们的师父。于是，大名们与足利义满的主从关系，此刻又附带上一层师父与弟子的关系，这实在是有些滑稽的事情。

然而，足利义满对出家的政治利用还没有结束。这样一个重要的过渡仪式，义满要把它的政治意义发挥到极致。足利义满刚剃度的时候，以禅僧空谷明应为戒师，按照禅宗的礼仪出家为僧，法名道号全称为“天山道有”（后又改回道义二字）。但三个月后，足利义满又南下奈良东大寺重新受了一遍戒，脱掉了禅宗的直裰和九条袈裟，穿上了显密僧样式的僧衣和袈裟。这一次，他的新戒师是京都仁和寺的永助法亲王[1]。在禅宗那边出家一次，又跑到显密佛教那边受一次戒，足利义满把两套制服都穿了一遍。足利义满的出家表演到此结束了吗？没有。接着，他又登上京都东北的比叡山，在天台宗延历寺的大乘戒坛又一次受戒。如果只是一名普通僧侣，这么多次重复受戒是没有必要的，完全是多此一举，

1　法亲王是超越僧官僧位体系的显密僧最高位，由皇子担任。

但对足利义满来说则不同。东大寺的戒坛和延历寺的戒坛是当时日本两大戒坛，南都僧、真言僧、天台宗寺门派（园城寺）在东大寺受戒，天台宗山门派则在延历寺戒坛受戒。自天台宗祖师最澄在比叡山上独立建立大乘戒坛以来，就和东大寺这边有许多冲突矛盾。戒坛问题一直是日本佛教界的敏感问题。足利义满三番两次受戒，就是要同时照顾南都、北岭等各路佛教势力，向包括禅宗在内的各寺院、各宗派宣告自己一视同仁。这并不是一次宗教意义上的受戒，而是政治意义上的作秀。

另外，原田正俊还指出，足利义满在延历寺受戒时的仪式，有意识地模仿了12—13世纪后白河法皇（1127—1192）和后嵯峨法皇（1220—1272）的先例。也就是说，足利义满在选择自己举行仪式的先例的时候，不再以将军家或摄关家为先例了，而是开始模仿起天皇家的家长，即出家的上皇、法皇来。这当然是有意为之。足利义满如今权势如日中天，在礼仪上也越来越像一个真正的上皇、法皇了。“法体”的足利义满俨然僧俗两界的庇护者，一个新的“法皇”。新法皇的出家受戒仪式，当然不只是信仰皈依，而是一次出色的政治表演。

足利义满出家的同一年（1395）四月，他将原藏于镰仓圆觉寺舍利殿的佛牙舍利迎请到相国寺供奉。隋平陈统一后隋文帝曾经迎请和分发天下舍利，北宋统一全国后也曾迎请原藏于吴越国的阿育王寺舍利。如今，实现日本再次统一的足利义满也希望效法这些中国的皇帝。圆觉寺的这枚佛牙舍利，相传原藏于北宋都城开封大相国寺，后来在镰仓时代，将军源实朝请僧侣入宋，从浙江的能仁寺求取此舍利回国。舍利来源众说纷纭，但对于义满而言，佛牙舍利毫无疑问是历经三国“印度—中国—日本”传来的重宝，是代表他无限荣光的一大证据。佛牙舍利迎入相国寺，也使得相国寺在五山之中的地位变得更为重要。

义满的袈裟

第一章提到，足利义满在显密僧形象的肖像画中，穿着的是金襕袈裟和横披。金襕是通过宋元时期繁荣的东亚海域贸易传入日本的舶来品。直到文禄元年（1592）金襕首次在京都织出以前，日本一直不具备国产金襕的技术，只能依赖进口。金襕即织金锦，也就是以金缕或金箔切成的金丝作纬线织制的锦，是在西域和北方民族影响下发展起来的织物工艺，在宋、辽、金，特别是元代极为流行。金襕袈裟即用织金锦制成的袈裟。

由于金襕袈裟价格昂贵，工艺精美，中国的皇帝赐予自己崇信的高僧袈裟时，经常会赐金襕袈裟。足利义满也学了这一套。足利尊氏在京都创建天龙寺，举行落成供养法会的时候，天龙寺的住持梦窗疏石曾经在仪式上穿了一件上皇赐予的金襕袈裟。明德三年（1392），足利义满举行相国寺落成供养法会时也照此先例，把梦窗疏石那件金襕袈裟翻了出来，让空谷明应在法会上穿着，以示传承。此后，足利义满曾在多个场合，给禅僧太清宗渭、不迁法序、性海灵见、绝海中津（1334—1405）、万宗中渊、大岳周崇等赐过金襕袈裟。

不仅五山禅僧把金襕袈裟视作最华美的制服，显密高僧也一样趋之若鹜。比如，天台宗尊圆法亲王于观应元年（1350）被任命为天台座主，登比叡山拜堂之时，就着“金襕平袈裟”（《新撰座主传》）；应永六年（1399）相国寺大塔供养法会举行之际，天台僧妙法院尧仁法亲王与真言僧三宝院满济同样穿着金襕袈裟（《相国寺供养记》）。作为舶来品的金襕袈裟，当时在僧侣社会内部已经有了极高的接受度。

因此，足利义满出家以后，每逢出席各种仪式和重大场合，总是金襕袈裟不离身。对义满这样表演型人格的政治人物来说，着装是统治者形象最直接的代表，能够传递出丰富的政治信息，不能草率了事。于是我们看到，应永三年（1396）足利义满登比叡山延历寺戒坛受戒的前一天，延历寺举行了盛大的讲堂落成供养法会，足利义满亲率关白一条经嗣以下文武官员到场。讲堂供养法会当场，足利义满身着“香法服、金襕袈裟，青地，文牡丹唐草，横披”，次日受戒时，则着“赤色法服，同色打裳文桐唐草同袍，白地金襕袈裟，文牡丹，横批”（《法体装束抄》），两天都穿了金襕袈裟。后来在参加后光严天皇三十三回忌追荐佛事时，足利义满所穿的也是一件“金襕平袈裟”（《应永十三年禁里御忏法讲记》）。可见，足利义满在重要仪式场合一般都穿着金襕袈裟。

此外，在袈裟的里面，足利义满在延历寺讲堂供养法会和受戒仪式上分别着香法服和赤色法服这两套不同的服装。法服是显密僧最正式的着装，一般在法会仪礼等重大场合穿着，赤色法服是法皇、皇族和贵族僧侣着装，香法服则是“僧正以上贵贱”的着装（《法体装束抄》）。足利义满的这套装束同样传递出了重要的政治讯息。那就是他所着的法服是最高等级的皇族着装、法皇着装，在仪式上扮演近似法皇的角色。当然，即便是中世以来的法皇们，也不曾穿着过最华丽的金襕袈裟。足利义满是日本第一位穿金襕袈裟的统治者。并且，本书后面的章节还会提到，足利义满在明朝册封他为“日本国王”的仪式上，穿着的也是金襕袈裟。舶来品金襕袈裟配上舶来的“日本国王”头衔，再没有比这更合适的了。

穿金襕袈裟的统治者，一方面表现出他卓越的政治地位，另一方面又反映了足利义满在政治秩序中的非常规性和超越性。这显示出现在的足利义满，已经是一个跳脱朝廷与幕府体制的人物，他不再被特定的官职所拘束，甚至也不再被僧俗的身份所拘束。这将给他开展下一阶段的政治活动，特别是对明朝的外交带来便利。

另外，金襕袈裟的确也有着特殊的宗教含义。金襕袈裟这一僧侣的衣具，本身被视作释迦牟尼付与弟子迦叶的传法衣，是象征佛教法脉传承的信物。在佛教的传说里面，释迦牟尼将金襕袈裟传给迦叶后，让他藏之于鸡足山，等待五十六亿年后弥勒下生降世，再取出来。因此，金襕袈裟被看成是释迦牟尼传给未来佛弥勒的信物。这一故事在中国禅宗的公案、话头当中被屡次提及，广为引用。与禅僧交好的足利义满当然也知道这个传说的意义。他在给禅僧太清宗渭赐金襕袈裟的时候，命令五山禅宗的高僧们每人作一首禅偈以庆贺，好让五山禅林都知道他赐金襕袈裟的举动。不仅如此，足利义满自己也作了一首禅偈:"久闻法要结缘深，奉献金衣表信心。预约龙华三会日，相逢彼此莫忘今。"(《太清和尚履历略记》)足利义满所说的“龙华三会”指的就是佛教传说中弥勒下生以后的场景。义满显然将自己的“奉献金衣”，与释迦牟尼的传金襕袈裟联系在了一起。足利义满喜好穿着华贵的金襕袈裟，绝不仅是因为它价值昂贵而已。

朝鲜王朝建立

几乎与日本的南北朝合一同时（1392），朝鲜半岛也发生了一系列剧变。如前所述，高丽将领李成桂的地位在一系列战事之后迅速提升。高丽禑王执政末期（1388），禑王命李成桂发兵辽东，与明朝开战。李成桂清楚地知道此战必败无疑，继续进军将会招致灾难，于是在刚渡过鸭绿江，到达鸭绿江上的威化岛时，毅然勒转马头，率全军回师，而后一路向南，攻入开京发动政变，逼迫禑王退位。这就是著名的“威化岛回军”事件。之后，李成桂在朝中的地位一路飙升，成为高丽朝廷中举足轻重的权臣。

四年后的明洪武二十五年（1392）四月，高丽王朝末期的大儒、名臣郑梦周（1338—1392）从李成桂宅邸出发回家的途中，在通过善竹桥之时，被事先埋伏在此的李成桂之子李芳远、赵英珪等人当街斩杀。人称“东国儒宗”的圃隐先生郑梦周就此陨落。高丽王朝失去了这位最后的柱石。

郑梦周曾出使明朝和日本，面见过明太祖朱元璋。他出使明朝多次，尤其为缓和高丽王朝和明朝的关系立下了不少功劳。他出使日本是1377年，目的是为了与日本协商解决倭寇的问题。郑梦周到博多后，和九州探题今川了俊展开了协商，顺利完成出使任务，今川了俊将被倭寇掳掠的高丽人送还。在外交上，这位程朱理学的大家提倡“亲明事大”，与明朝交好，断绝与北元政权的关系；在政治上，这位高丽王朝的柱石与李成桂一道拥立恭让王（1389年登位），两人私交颇好，但郑梦周并不主张废黜高丽王室，进行易姓革命。

这年三月，出使明朝的恭让王世子回国，李成桂前去黄州迎接，期间在海州打猎时坠马，伤得不轻。郑梦周感觉机会来了，打算趁势弹劾李成桂党羽郑道传（1342—1398）、赵浚等人，对付李成桂集团的势力，情势对李成桂十分不利。于是，李成桂第五子李芳远立即赶到父亲身边，跟他讲了郑梦周想要对他下手的计划，劝说他父亲先下手为强，除掉郑梦周。李成桂不愿对这位老同事下手，李芳远便与其兄李芳果合谋，决定直接动手。郑梦周对此也有所耳闻，但还是想借着去李成桂府邸探望他的病情的机会，试探李成桂的真实态度。然而，在郑梦周返程回家途中，却发生了本节开头的一幕。这就是高丽历史上的“善竹桥事件”。如今，善竹桥尚在，是国宝级的文物建筑。

据《高丽史》记载，当李成桂听说儿子李芳远杀了郑梦周后，大为震怒。大骂他：“汝等擅杀大臣，国人以我为不知乎？”意即我们李家素来以忠孝闻名，我怎么有你这么个不孝子？李芳远不为所动，反而辩称“梦周将陷我家，岂可坐而待亡，此乃所以为孝也”(《高丽史·郑梦周传》)。实际上，正是因为李芳远杀伐果决，才使得李成桂迅速扭转了劣势，给予日薄西山的高丽王朝最后的致命一击。最终，清醒过来的李成桂连忙让人向恭让王上奏，迫使恭让王将郑梦周治罪。李成桂乘胜追击，整个高丽朝廷几乎都落在了他的手中。

终于，这年七月，门下右侍中裴克廉等上奏，逼迫王大妃[1]安氏（恭愍王侧妃）下旨废黜恭让王，恭让王被迫废位出宫。李成

1 相当于太后。

桂没有再给高丽王室机会，在裴克廉、赵浚、郑道传等一干心腹的劝进下，李成桂在开京登上王位，高丽王朝寿终正寝。

朝鲜半岛完成政权交替后，李成桂需要向明朝汇报这一突如其来的剧变。在明朝眼中，李成桂的所为毫无疑问就是“谋朝篡位”，这一点李成桂自己也心知肚明。于是，他派出使经验丰富的赵胖去明朝南京，向明太祖朱元璋通报李成桂建国的消息。李成桂给自己编的理由是恭让王“昏迷不法，疏斥忠正”，恭让王世子也是“痴騃无知，纵于酒色”，郑梦周“潜成奸计”、试图“以谋致害”，致使“国人愤怨”，于是万不得已，“举国臣民实虑社稷生灵俱被其害”，便都来劝他废掉恭让王。无奈废掉恭让王以后，发现高丽宗亲里面“无有可当舆望者”，万般无奈之下，李成桂自己只能登上王位（《朝鲜太祖实录》）。

明太祖朱元璋虽然并不相信李成桂的陈述，最后还是默许了他的建国。当时，太子朱标去世，李成桂借此机会向明朝示好，率群臣为朱标服丧，并再派使节，以“权知高丽国事”使节的名义去明朝。这一回，史料记载了朱元璋一段十分大白话的回复。他说：“尔恭愍王死，称有其子，请立子，后来又说不是。又以王瑶（恭让王）为王孙正派，请立之，今又去了。再三差人来，大概要自做王。”（《朝鲜太祖实录》）大意即，恭愍王死了以后你们立了新王，后来又来说新王（禑王）不是恭愍王亲生的。你们立了恭让王，现在又找借口把他废了。三番两次派人来，大概你李成桂就是自己想当国王吧！朱元璋对李成桂加以警告，劝他好自为之，抚恤百姓，与明朝交好。于是，李成桂又派使节来，请求朱元璋赐他新的国号，不再使用“高丽”之名。朱元璋从李成桂报上来的“和宁”“朝鲜”两个国号之中挑选了后者，于是，朝鲜王朝这个称号正式诞生了。

但是，朝鲜王朝和明朝的关系，一开始并不算好。两国之间的摩擦并未消除，信任也还没有建立。朝鲜还曾派遣王子李芳远出使南京，缓和与明朝的关系，李芳远得到了朱元璋的满意评价。李芳远在出使途中路过北平，还得以会见燕王朱棣。然而，在李成桂的心腹大臣郑道传主政下，朝鲜王朝和明朝的关系进一步紧张起来。郑道传，号三峰，对李成桂建国居功至伟，堪称朝鲜王朝大政方针的总设计师，与李成桂私交也甚笃。在对外关系上，郑道传主张北拓，这就和明朝不可避免地发生了矛盾。明洪武二十八年（1395），明朝以朝鲜使节送来的表笺文书不合礼制、态度不恭敬为由，扣押了朝鲜的使臣，甚至专门派人到朝鲜，要求抓捕郑道传，将其押送南京。局势一下子恶化起来。

王子之乱

一贯杀伐果决的狠人李芳远，终于又要开始行动了。

朱元璋派人捉拿郑道传的消息传来，李成桂这边拒不放人，但也派人前去南京解释，总算平息了明太祖的愤怒。可郑道传仍未放弃北拓辽东的想法。不过，郑道传的这个想法在朝中无法得到大多数人的支持，反而加深了他与赵浚等反对北拓的诸位功臣之间的矛盾。当时，朝鲜王朝内部的政治矛盾已经逐步在各方面凸显出来。李成桂子嗣众多，除了五子李芳远外，在世的儿子还有“乡妻”[1]，也就是已故原配妻子韩氏所生的老二李芳果、老三李芳毅、老四李芳干，以及“京妻”康氏所生的幼子李芳蕃和李芳硕。其中，李芳硕被李成桂立为世子，未来将会继承王位。郑道传在立世子后，便支持李芳硕。按照郑道传的政治构想，他希望建立的是由宰执大臣为中心的朝廷体制，主张扩大相权，压制诸王子的势力，撤销他们的私兵。这样的话，一个年纪更小的王子登位，显然对他更为有利。

郑道传，以及同为开国元勋的南闾对世子李芳硕的大力支持，令李芳远非常不满。在他自己的眼里，他是帮助父亲登上王位的头号功臣。与他相比，李芳硕不过是个小孩儿，寸功未立，如何做得了世子呢？李芳远这时的心态，很容易让人联想到中国历史上另一位姓李的皇子——秦王李世民。因此，李芳远终究也选择了与李世民相同的道路。明洪武三十一年（1398），明太祖朱元璋

1　李成桂早年在乡下迎娶的妻子；“京妻”是李成桂后来在首都开京迎娶的妻子。

病逝，一个时代就此落幕。就在同一年的八月，朝鲜太祖李成桂也生了重病。形势一下子动荡起来。当时，郑道传已经撤掉了包括李芳远在内的王子的私兵，但李芳远仍私藏了兵甲，一直在静观其变。李成桂病重后，据说郑道传试图假传国王旨意命李芳远等王子入宫，将他们一网打尽。但消息事先泄漏到了李芳远耳中。当夜，李芳远接到召见的通知后，仍然照旧入宫，但发现状况不对，于是先行骑马逃出，王子李芳毅、李芳干随之。李芳远回到家中后，立即整兵备战，准备先发制人。

当时，郑道传还不知道已经生变，还在南訚的小妾家里与南訚谈笑风生，毫无防备。李芳远命令兵士将郑道传的住处团团围住，在郑道传露面后，当即将其斩杀。南訚也一并被害。朝鲜王朝的“总设计师”，就这样黯然离场。而后，李芳远又找到赵浚等重臣，说服赵浚站在自己一边。次日，赵浚将郑道传已死的情况汇报给李成桂，李成桂这才知道朝中已经发生了如此剧变，虽然十分愤怒，但事已至此，也无能为力。在李芳远等人的描述中，郑道传“挟世子，欲害诸王子，祸在不测，幸赖天地宗社之灵，乱臣伏诛”（《朝鲜太祖实录》）。此后在朝鲜王朝长期的历史叙述中，郑道传都是一位叛臣，是可悲的乱臣贼子。失去了郑道传的支持，李芳硕失去了世子之位，随后被李芳远杀害，最年长的王子李芳果被改立为世子。立李芳果为世子的时候，很多人都提议不如立李芳远为世子，李芳远还像模像样地谦让了一番。这就是朝鲜初期历史上著名的

“第一次王子之乱”，以李芳远的大获全胜而告终。

这次类似“玄武门之变”的政变结束后，太祖李成桂虽然还在王位上，但李芳远已经逐步掌握了政权。之后不久，失意的李成桂宣布退位，王位被交到世子李芳果手中。不过，李芳果的王位也没能坐多久。由于李芳果没有嫡子，他的弟弟王子李芳干与李芳远争位，李芳干先行起事，但老练的李芳远早有防备，双方在开京街头激战之后，李芳干战败被捉，最终被李芳远流放。这就是“第二次王子之乱”（1400）。这次事件后，李芳远亲信的大臣河仑等人奏请立李芳远为世子，李芳果对李芳远已经十分惧怕，只能乖乖照办。很快，李芳果决定退位让贤，以禅让的方式，将政权和平地交到李芳远的手中。李芳果总算得以善终，但他去世数百年间，竟然连个正经的庙号都没有。直到 1681 年，朝鲜王室才总算对这位可怜的过渡国王给予承认，为他上庙号“定宗”。

朝鲜太宗李芳远，终于登上了他梦寐以求的王位。到这个时刻，明朝和朝鲜王朝的第一代统治者——两位太祖均已退场。朝鲜王朝的权力交棒到了太宗的手中，而此时大陆上的另一位“太宗”，明朝未来的“太宗皇帝”，也已经到了他人生中的关键时刻。

第五章　奉天靖难

建文帝削藩

明洪武三十一年（1398），明太祖朱元璋结束了他波澜壮阔的一生。由于太子朱标早早离世，朱标之子、皇太孙朱允炆登上了皇位，年号建文。身居北平的燕王朱棣在洪武的最后年月屡次出征漠北，立下了不小的战功。燕王的才干有目共睹，声望也在不断提升。与之相对，建文帝朱允炆在政治和军事上的资历，都要比他这位叔父浅得多。二者之间微妙的平衡，正在开始起着一些变化。

上一章提到，朝鲜太宗李芳远为王子时，曾经奉命出使明朝，去南京途中路过北平，和燕王见过一面。据朝鲜文臣徐居正《笔苑杂记》记载，李芳远与燕王朱棣第一次见面时，李芳远就觉得他“天日之表，龙凤之姿，恢廓大度，非久为藩王者也”。几乎是预言了燕王朱棣后来争位的成功。但这段叙述多半是朱棣即位以后朝鲜文人的事后附会，是为了吹捧两位君主所作，未见得有多少可信度。

建文帝清楚地知道燕王这样的藩王能给他带来的威胁。虽然全国军队的统帅权在皇帝手中，但建文帝毕竟根基尚浅，对诸王缺乏驾驭的能力。燕王长久以来在北方作战，在对蒙古的历次军事行动中立下了赫赫战功，这对建文帝构成了威胁。因此，建文帝想要削藩，并且翦除藩王的势力，他首要的目标就是燕王朱棣。但是建文帝仍采用了朝臣黄子澄的意见，认为应该先易后难，从行为不端的周王朱橚下手削藩。之后，建文帝又对齐王、代王、湘王下手。在这一过程中，湘王朱柏点火自焚，情势极为惨烈。

接下来，建文帝着手对付燕王朱棣。除了对他严加监视外，还谋划剥夺其兵权。建文帝任命宋忠为都督，领兵 3 万，屯兵北平附近的开平，还从燕王护卫中选择壮士，编入军中。同时任命都督徐凯屯兵临清、耿瓛驻军山海关，成犄角之势，防备燕军。不仅如此，大批燕王麾下的将领也被调回南京。此外，北平城内的布政使张昺、都指挥使谢贵也听命于建文帝，随时准备对燕王下手。面对建文帝的步步紧逼，陷入困境的燕王以退为进，称病不起，闭门不出。当时，燕王的三个儿子都被送到南京，这是燕王为了迷惑建文帝，拖延时间而有意采取的举动。结果，黄子澄担心扣留燕王三子会刺激到他，竟然把他们一并放回北平。但是，建文帝对燕王的围困和监视并没有停止，于是，燕王朱棣使出了大招——装疯卖傻。众目睽睽之下，朱棣竟然在大街上大喊大叫，哄抢老百姓的食物，甚至露宿街头，终日不醒。燕王发疯的消息很快就传到了南京，他出色的演技几乎就要骗过建文帝了，结果因为有人告密，竟然被南京方面给识破了。于是，情势越发危急起来。

建文帝密令抓捕燕王，但是，都指挥佥事张信接到了建文帝的密令后，犹豫再三，决定救燕王一把，把建文帝的密令透露给朱棣。朱棣起初还装中风，不愿透露实情，得知张信真实来意后，连忙起身下拜。后来，张信投靠燕王，成为燕王起兵夺位的功臣之一。得到张信的情报后，燕王当机立断，召亲信部将朱能、张玉等率锐士八百在燕王府待命，准备作战。建文帝这边，都指挥使谢贵率军将燕王府围了个水泄不通。

建文帝褫夺燕王爵位的诏书送到，明建文元年（1399）七月四日这天，朱棣假称奉命交出燕王府的获罪官员，请张昺、谢贵入府查验。二人竟然真的相信了朱棣的态度，只身进府，结果进门不久就被抓住，然后被推出殿外斩首。这样，燕王朱棣斩杀朝廷命官，就等于是造反了。朱棣进而命张玉趁夜色夺取北平城门，将北平城控制在自己手中。七月六日，燕王朱棣命世子朱高炽留守北平，自己则率军出城，攻取通州、蓟州、居庸关、怀来等地，以迅雷不及掩耳之势控制北平周边地区，摆出了和建文帝对峙的阵势。

当然，燕王朱棣并不会说自己是叛军。朱棣打出的旗号是“奉天靖难”，靖难就是“平定国难”的意思。这时候明朝建国不久，政治稳定，哪来的什么国难呢？朱棣在上建文书中陈述：“奸臣得志，社稷危矣。臣伏睹《祖训》(《皇明祖训》）有云：朝无正臣，内有奸恶，则亲王训兵待命，天子密诏诸王统领镇兵讨平之。”在起兵誓师时，也说:“《祖训》云:朝无正臣，内有奸逆，必举兵诛讨，以清君侧之恶。”(《明史纪事本末》）也就是说，自己是按照太祖朱元璋定下的《皇明祖训》，讨伐皇帝身边的奸臣黄子澄、齐泰，这就是“清君侧”。朱棣进而停用建文年号，称洪武三十三年，不承认建文帝的正统。于是，明朝历史上的转折之战——“靖难之役”开始了。

明眼人都知道，燕王朱棣起兵虽迫于无奈，但之后的一系列军事行动却是为争夺地位而展开，并不是什么真正的“靖难”。就这样，明朝和朝鲜王朝的政治斗争几乎是在同一时间进入到白热化的状态，两位“太宗”(朝鲜太宗李芳远和明太宗“成祖”朱棣[1]）几乎同时登场。东亚世界的局势一下子风云变幻起来。

1 朱棣起初的庙号为太宗，嘉靖时改为成祖。

应永之乱

这时候，足利义满这边又是怎样的景况呢？实际上，日本这边也发生了一次动乱，因为发生在应永六年（1399），称作“应永之乱”。这是足利义满走向政治巅峰期的最后一战，与燕王起兵几乎同时发生。足利义满这次的对手是之前为他平定九州，立下汗马功劳的名将大内义弘。

上一章提到，足利义满维持国内统治的一大手段，就是压制大名当中实力最强者，运用各种手段削弱他的势力，维持各大名之间的均势，不让日本列岛再出现“六分之一殿”山名氏这样尾大不掉的大名。而具体的操作方式，通常就是挑唆大名的内部矛盾，逼迫其在没有充分准备的情况下主动造反，然后动用在京大名的军力讨伐之，待取得胜利后，再让参与讨伐的大名将其麾下领国一举瓜分。这一招屡试不爽。在整个室町时代里，将军权力都受到大名势力的制约，没有哪位将军或室町殿拥有能够直接碾压大名的绝对实力。因此，即便是室町幕府鼎盛期的足利义满，也只能采取这样的手段。当然，运用这种手段需要高超的政治能力，也需要室町殿本人有足够高的威望。

这一次，足利义满对付的对象轮到了大内义弘。如前所述，无论是在九州的战场上，还是在之前的“明德之乱”中，大内义弘都为足利义满立过大功。足利义满和大内义弘的关系并不差，义满出家的时候，大内义弘哪怕是不太情愿，最终也一并出了家。

应永四年（1397），足利义满开始启动他人生中又一项大工程——北山第的营建。本书后面章节还会提到，这项工程对足利义满的权力来讲有着极为重要的意义，后来足利义满本人也被称作“北山殿”。但按照之前的惯例，每逢这样的大工程，总是要让大名们分担，出钱出人的。大内义弘大概是对足利义满屡次的劳民伤财感到不满，不愿意为北山第工程出力，这让足利义满很是不满。并且，应永五年（1398）十月以后，为了镇压九州与幕府敌对的少贰氏、菊池氏势力，大内义弘离开京都前往九州前线作战，义弘的弟弟大内满弘不幸战死，大内义弘希望义满能够对他弟弟的家属加以抚恤，增加赏赐，义满却并不买账。两人的关系很快恶化。九州战事结束后，足利义满催促大内义弘回京，当时各种流言满天飞，说义满要借机没收大内义弘在和泉（今大阪府西南部）、纪伊（今和歌山县）的领地，甚至大内义弘一旦上京，就可能被足利义满诛杀。这令大内义弘十分紧张。

应永六年（1399）十月十三日，从九州返回的大内义弘抵达了和泉的堺港，堺靠近大阪湾，距离京都不过50多公里，在16世纪的时候成为了京都周边著名的贸易港口。大内义弘到此后，立即闭门不出，不愿意再往京都方向前进一步。据说，大内义弘已将重兵屯集于此，摆出了和足利义满决裂的态势。足利义满赶紧派出使节询问情况。被大内义弘拒绝后，义满又派出曾经见过朱元璋的五山禅僧、相国寺住持绝海中津，让他作为特使，前去催促大内义弘上京。大内义弘毅然拒绝了绝海中津的劝说，在抱怨了一连串对足利义满的不满后，表示自己将匡扶正道，走自己的路，而且，关东的镰仓公方足利满兼已经答应与他合作，不日即将从关东上京，东西夹击。这一仗已经不可避免了。

顺便说一句，室町幕府的中央政权下面，在关东，也就是今天的东京周边地区，以镰仓为中心，实际上存在一个庞大的半独立的派出机构。这个机构是当初为了适应南北朝战乱期间关东混乱的战局而设立的，之后仍然延续，其领导人称为镰仓公方，由足利氏的庶族担任。镰仓公方的麾下也有管领（关东管领），甚至有一整套齐全的行政机构，堪称“小幕府”，势力很大。在足利义满的年代，镰仓公方是足利氏满（1359—1398），他是足利义满的堂弟。一开始，大内义弘大概还真和镰仓公方足利氏满建立了合作关系，由于足利氏满也是足利将军家出身，他俩联手的话，拥有将军继承权的氏满必然会对足利义满构成威胁。更何况，两位堂兄弟之间本来就关系不睦。但足利氏满在应永五年（1398）病死了，年仅40岁，继任的镰仓公方足利满兼不过21岁。这位足利满兼准备出兵之时，被麾下重臣关东管领上杉宪定及时制止。结果，还没等到足利满兼发兵，大内义弘就败死了。大内义弘寄予厚望的东西夹击，根本没有付诸实施。

大内义弘当时选择在堺固守，等待幕府军来攻。堺作为交通要道，战略地位重要，大内义弘在此修筑了城塞，称作“堺城”，做了防御准备。他的目标是以逸待劳，通过在堺城的长期固守，把列岛各处对足利义满不满的势力带出来一道反抗，其中当然有他寄予厚望的足利满兼势力，也有昔日的南朝势力等。毕竟室町幕府控制能力有限，一旦足利义满打不下堺城，战期拖长，幕府的权威就会受损，反幕府的势力就有可能浮出水面。这种作战方式并非没有成功的例子，譬如后来 19 世纪江户时代末期德川幕府的长州征伐战争，就是因为幕府军打不下长州权威受损，使得倒幕势力急速走向联合。[1]但也有反面的例子，比如 17 世纪日本的宗教战争“岛原之乱[2]”，反叛军固守原城，直到最后都只是一支孤军。

大内义弘还是低估了足利义满的权威。以在京大名武装为中心，足利义满组织起来的讨伐军达 3 万多人，远高于大内义弘的五千军兵。堺城遭到了幕府军的重重包围，连海上的交通线也被切断。十二月二十一日，幕府军发动总攻，大内义弘穿着其最华丽的铠甲冲向了战场，最终，这位名将在敌军包围之下力战而死。其残余势力很快崩溃，堺城被幕府军攻克。大内义弘对足利义满

---

1 第二次德川幕府征伐长州战争，是德川幕府权威瓦解的标志之一。

2 1637—1638 年以九州岛原、天草的天主教徒、农民为中心发起的反德川幕府起义。

的挑战失败了。足利义满赢得了一场关键的胜利。

战后，大内氏的领国和泉、纪伊、石见（今岛根县）、丰前（今福冈县东部、大分县西北部）果然被没收。足利义满的算计又一次成功。大内义弘的弟弟大内盛见，此后仍然坚持与幕府对抗。但西国一大霸主大内氏的实力终究被极大削弱，足利义满对九州的控制力、影响力也大为增强。这也成为足利义满后来开展对明朝外交的先决条件。

相国寺七重塔

就在"应永之乱"爆发前不久，京都相国寺举行了一次规模很大的宗教仪式活动。上一章提到，在"明德之乱"平定后，足利义满出家，这时的义满已经获得了如日中天的权势。仿佛是足利义满本人权势的象征一般，相国寺的工程也在这时候取得了重大的进展。

明德三年（1392）八月，相国寺最核心的建筑——佛殿终于完工，住持空谷明应被授予国师的称号，二十八日，相国寺举行了落成供养大法会。历时十年的相国寺工事终于基本完成。这次落成法会中，不仅五山禅宗的僧侣，幕府的武将重臣，朝廷的大臣、公卿，青莲院、梶井、圣护院等显密门迹寺院的高位僧侣也一同参会。可以说，这一次的法会是动员公家、武家及显密寺社、五山禅院的大法会。并且，在足利义满的授意下，朝廷甚至打破常规，将这次法会的规格定位为“准御斋会”，也就是国家法会的最高等级，这样的规格是禅宗法会从来没有过的。室町幕府初代将军创建天龙寺，举行落成法会时，曾引发过显密佛教与禅宗的激烈冲突，但这一次在足利义满治下，法会顺利进行，五山禅僧与显密僧侣们相处得十分和谐，这标志着足利义满的宗教政策也取得了成功。

佛殿完工后，足利义满又计划在相国寺内建造一座七重大塔。如前所述，这座七重塔将成为相国寺内举行显密佛教佛事法会的场所之一。这座塔的修建过程遭遇了一些波折，一度还烧毁了一次，直到应永六年（1399），历时七年的相国寺七重塔营造工事才终于完工。新落成的大塔高 360 尺（109 米），是当时全日本最高的建筑，也超越白河天皇的法胜寺九重塔[1]成为日本历史上最高的木构建筑。要知道，中国现存最高的木塔应县木塔高 67 米，意大利的比萨斜塔高 54 米，日本现存最高的木塔东寺五重塔高 54.8 米。就这样，巨大的相国寺大塔成为整个京都最为引人注目的建筑物，也名副其实地成为足利义满权力的纪念碑。为了庆祝这座纪念碑式大塔的落成，足利义满计划召集显密大寺社 1000 名僧侣，在相

1 位于京都鸭川以东法胜寺内，南北朝动乱初期烧毁，未再重建。位置大约在今京都动物园内。

国寺举办一次更为盛大的落成供养法会。

当年（1399）九月，盛大的相国寺七重塔落成供养大法会举行。近年来，七重塔当时的样貌由建筑史学者富岛义幸复原完成。根据富岛义幸的研究，七重塔的佛像布置，是有意识地按照中世显密佛教的惯例，以密教曼荼罗的方式布置的。所谓曼荼罗，又叫坛城，就是将密教的世界观以图像或塑像的形式表现出来，是佛教密宗核心的信仰对象。当时日本密教无论真言宗（东密），还是天台宗（台密），最重要的两大曼荼罗都是金刚界曼荼罗和胎藏界曼荼罗。七重塔初层安置了金刚界五佛，也就是金刚界大日如来、阿閦如来、宝生如来、阿弥陀如来、不空成就如来，内阵四天柱绘制三十二尊像，与金刚界五佛共同构成一组立体的金刚界曼荼罗。七重塔第二层则是胎藏界曼荼罗。因此，相国寺七重塔内部是一个完全的两界曼荼罗密教空间。这样的构造，与醍醐寺五重塔、东寺五重塔十分类似，反映的是日本密教自平安时代以来的传统。

富岛义幸还进一步指出，相国寺七重塔有意识地模仿了平安时代后期白河天皇创立的法胜寺九重塔。在相国寺七重塔建立以前，法胜寺九重塔是日本历史最高建筑，是中世王权的象征，是京都人历史记忆中最恢弘、最崇高的建筑物。但这座九重塔在南北朝动乱期间失火烧毁了，已经不复存在。当初，法胜寺金堂内安置了胎藏界五佛，九重塔则安置了金刚界五佛，两者构成金刚界胎藏界“两部不二”，也就是金刚界和胎藏界二者统一的空间。

相国寺与法胜寺的设计不同，是以初层和第二层分别配置两界，以一座塔象征两界曼荼罗的空间。具体的设计不同，但二者却有着相似的意义。两座代表中世统治者最高权力的大塔之间存在明显的传承性，足利义满或许是有意为之。

之所以这么说，是因为在法胜寺九重塔尚存的时代，从京都东面入京的旅人第一眼看到的，一定就是高耸入云的法胜寺九重塔。如果说中国历史上最具精粹的建筑是皇家的宫殿，那么日本历史上最恢宏的建筑无疑是当权者建立的寺院。法胜寺既是京都的最高建筑，也是强大的“院”权力的象征、天皇家鼎盛时期的代表。如今，天皇家的权势已经不复从前，而新建的相国寺七重塔也替代了法胜寺九重塔的功能。“院”权力的大塔焚毁了，室町殿权力的大塔却拔地而起，二者之间存在隐隐约约的替代关系。

根据推定，相国寺七重塔位于今天相国寺以东的位置。现在京都同志社女子学校东侧，仍留存有“上塔之段町”“下塔之段町”的地名，使我们能够大致知道七重塔当时的位置。塔院有一圈回廊，七重塔位于回廊正北端，东西两侧有门，南侧为正门（中门）。落成供养大法会这一天，共有显密诸宗 1000 名僧侣参加法会，足利义满作为法会的愿主，也就是施主，就坐在七重塔的内阵靠近须弥坛的位置，这也是法会最核心的一层。在外层则坐有公卿、百官。具体来看，参加七重塔落成供养会的僧侣中，担任法会导师，也就是主持者的是天台宗的负责人、天台座主尊道法亲王，咒愿师是真言宗的大佬、仁和寺御室永助法亲王，以下有延历寺僧400人，园城寺僧100人，东寺僧100人，东大寺僧100人和兴福寺僧300人（《相国寺塔供养记》）。南都北岭显密佛教几大势力的僧侣都到场了，这样的阵容已经达到了显密佛教佛事法会的最高配置，这显然令足利义满非常满意。当然，由于是显密佛教的法会，相国寺的禅僧们并没有参加。

学者原田正俊指出，足利义满甚至还接受了法会的布施。也就是说，出家后的足利义满不只把自己当成施主，还把自己当成参加法会僧众的一员，成为了受施者。不仅如此，足利义满还给自己分配了一个法会上的角色，担任法会的“证诚”一职，与尊道法亲王、永助法亲王搭配。足利义满没有遗漏这样一个重要的表演机会，在法会中，足利义满扮演着一位职业僧侣的角色，仿佛一位“教士国王”，在僧俗两界都具有权威。

不过，就在应永十年（1403）六月，一场雷雨之中，相国寺七重塔遭到雷击，被烧为灰烬。相国寺第一代七重塔仅仅存世四年。次年，足利义满放弃了在原址重建的计划，而是在自己的新的居所北山第重建了七重塔。作为足利义满的权力象征，七重塔也被转移到了他的新宅当中去。

祇园祭

足利义满一次又一次地举行大规模的宗教活动或政治仪礼、宫廷仪式，这当然是因为进入到14世纪90年代的时候，室町幕府的财政状况较之以往已经大为好转，没有充足的经费，这些活动是万万搞不起来的。这一点本书在之后的章节还会详细讨论。但这些大型活动能够成功举办，还离不开一个极为重要的前提条件——这些大型活动得有观众。

足利义满是一位擅长表演的政治人物。在小规模的宫廷仪式里，他的观众很明确，就是那些公家贵族，或是在仪式外围活动的武家重臣们。但有很多仪式则规模庞大，实际上京都的民众也可以参加。这时候，京都各阶层的民众就都成了足利义满的观众。

室町时代的京都人口众多，大约10—15万人。这个数字跟今天比起来当然是小巫见大巫，和当时明朝的大城市比起来也实在不值一提。但如果我们把目光放远一些，和同时期的欧洲做一个比较的话就会发现，京都的人口一点儿也不逊色于欧洲的“一线城市”。当时的欧洲正是中世纪晚期，文艺复兴已经开始了。1500年，法国首都巴黎大概有23万人口，是欧洲最大的城市；意大利的米兰不过10万人，那不勒斯13万人，威尼斯10万人；而伦敦才5万人口，全欧洲达到京都规模的城市也没几个。

京都的人口数量之所以在室町时代出现了明显的增长，首要原因是室町幕府采取的“守护在京制度”。简单来说，室町时代的京都和镰仓时代有一大显著区别，就是武士们大量移居到京都来。这时，全国的政治中心转移到京都，武家重臣们在京都居住，在京都购置宅邸，修建寺院。特别是离政治中心最近的那些近处势力的大名，基本上都长期居住于京都，他们麾下往往有数百骑以上的随从一同居住。而离政治中心远的大名很多为了方便在京都活动，和幕府核心层搞好关系，也在京都购置了房屋。山田彻将他们构成的群体称作“室町领主社会”。像前面提到的大内义弘，虽然根据地在本州岛最西端，但自从受邀上京参与幕府政治开始，就长期在京都滞留。这是一个庞大的消费人口群体。他们的到来，使得京都作为一个大型消费城市蓬勃发展，连带着各种工商业活动也活跃起来。人口的增长，给足利义满举行大型活动提供了大量的观众。

比方说，前面我们提到的“明德之乱”后开始的北野万部经会，规模宏大，年年举行。每次在北野经王堂举行活动的时候，京都的男女老少蜂拥而至，活动场所周边出现了热闹的市集，一片熙熙攘攘的景象。而室町殿本人往往也会亲赴现场观看，在场内有专门为达官贵人观看而临时搭建的看台。这种大型活动实际上成为足利义满在市民面前露面，“与民同乐”的绝好机会。

在京都，要说大规模的市民活动，首先能想到的，便是今天京都三大祭之一的祇园祭。这一每年夏天举办的大型祭典活动，总会吸引来自世界各地的游人前来观看。活动的高潮叫作“山鉾巡行”，这是一个类似花车巡游的活动，山就是花车，鉾就是插在车顶端类似长矛的兵器。山鉾由京都特定的町(街区)来负责保存、管理和修缮。这是一个十分典型的市民活动，可以追溯到平安时代的“祇园御灵会”，原本规模没有这么宏大，但到了室町时代，祇园祭规模扩大，一下子就成为了京都最热闹的风景。

足利义满曾亲自指示：祇园祭要好好搞，特别是山鉾巡行，越华丽越好(《迎阳记》)。原本祇园祭和日本绝大多数神社祭祀活动一样，活动的核心内容是“神舆”的移动，也就是把神灵乘坐的轿子抬出来巡游一圈再抬回去。但这样的活动毕竟观赏性欠佳。从足利义满开始，山鉾巡行的重要性显著增加，这种老百姓更喜闻乐见，更加华丽、热闹的花车大巡游活动替代了神舆移动的地位，吸引了人们的注意力。这让祇园祭获得了成功。可以说，京都今天能够有祇园祭这么个大型旅游创收项目，著名表演艺术家足利义满功不可没。不仅如此，足利义满还会亲临祇园祭的现场，登上事先修好的看台观看。这成为了室町幕府历代将军的惯例。甚至外国使节到达京都的时候，也会被拉去看祇园祭。

祇园祭，以及北野万部经会这样的大型活动成为了联系京都市民与室町殿足利义满的纽带。相较于大多数闭门举行的宫廷仪式，这些大型节庆活动是对一般民众开放的，上至公武贵族，下至各阶层的民众，大家通过这一机会出现在同一个仪式场合中。

如今，京都最高、最醒目的建筑是为了足利义满而造，京都最繁荣、最热闹的市民活动是在足利义满的保障之下进行。足利义满本人的至高权威，也得以通过最直观的方式展现在京都市民的面前。这不仅是简单的“与民同乐”，更是足利义满的政治仪式。

而且，祇园祭创立之初，背景是平安时代京都（平安京）发生瘟疫，为了祛病消灾，才设立了这一活动。在足利义满的时代，战争结束，和平重启，足利义满也许也希望通过这些大型活动，向民众展现他消除灾祸，让天下归于太平的决心和能力。

明朝战局的变化

本章的最后，我们再把视线回归到本章开头提到的“靖难之役”上。燕王朱棣在河北一带势如破竹，取得巨大战果，但建文帝这边依旧没有给予足够的重视。同样是挑起手下势力反叛，建文帝和足利义满的表现就很不一样。政治经验老道的足利义满屡次挑唆大名起来造反，都是在做了充足的准备之后，因此大名们一起来造反，大多就处于孤立无援的状态。但燕王反叛已经多日，建文帝这边却还没有充分重视。反倒是燕王这边，虽然一度被逼到绝境，却竭尽所能地拖延时间，做了多方的准备。

建文帝任用的讨伐军指挥官是老将耿炳文。耿炳文时年 65 岁，在元朝末年就追随朱元璋南征北战。前文提到的在山海关防备燕军的耿瓛就是耿炳文的儿子。耿炳文率领官军缓慢行进，抵达河北真定后，先锋军 9000 人在雄县（今雄安新区）扎营，并分兵于河间、鄚州。没想到，燕军趁官军立足未稳之际发动奇袭，官军先锋军大败。之后，朱棣率燕军与耿炳文决战，耿炳文大败溃逃，狼狈逃回真定，坚守不出。由于官军毕竟人数更多，实力更强，燕军攻城不克，退回北平。这就是燕军与官军的第一阶段作战。

建文帝优柔寡断，对于军事没有多少判断力。在耿炳文出发前，他满以为小小燕藩不足为惧，官军一定会大获全胜。等到耿炳文吃了败仗，建文帝开始忧惧起来。于是，建文帝不听群臣劝阻，硬是临阵换将，把耿炳文撤掉，改任命李景隆为大将军。这位李景隆是明朝开国功臣李文忠之子，名将之后，喜读兵书，也上过战场，但指挥大兵团作战的实际经验几乎为零。燕王朱棣听说官军换将，高兴得不得了，说“赵括之败可待矣”（《明太宗实录》），把李景隆比作战国时代纸上谈兵的赵括。

李景隆率号称 50 万的大军出发，结果在建文元年（1399）十一月的郑村坝之战中大败，将辎重放弃南逃，丧士卒 10 余万。第二年的白沟河之战中，燕军再度大获全胜，李景隆单骑逃走，把朝廷大军的本钱都赔光了。

但是，击败李景隆后，燕王朱棣率军围困济南，在铁铉、盛庸的固守下却没有取得什么战果。围困数月，使出浑身解数，城池仍不能攻克，不得已，朱棣只能率军撤回北平。可以说，燕军虽不断取得胜利，但仍无法给出致命一击。燕军所控制的地区，仍然只有北平周边一带。此后燕军数次南下作战,但都不算太顺利。战况于是陷入僵持阶段。

朱棣的军事行动遭遇了瓶颈期，海那一边的足利义满却正是春风得意之时。他与明朝的再次接触，就发生在这时候。

较早之前的日本应永四年（1397），足利义满开始兴建一座新的宅邸，这就是前文提到的北山第。北山第的位置，就在今天京都的金阁寺一带，金阁寺是北山第的后身。北山一带作为贵族宅邸登上历史舞台，可以追溯到镰仓时代。这里在镰仓时代就是公卿西园寺家的宅邸。西园寺家世世代代担任镰仓幕府与朝廷的交涉职务“关东申次”，权势之大不在摄关家之下。镰仓时代的北山第，已经有了水池、楼阁等园林设施，是一座很大的贵族宅邸了。镰仓幕府灭亡后，西园寺家实力衰退，于是，西园寺家与足利义满达成交换协议，足利义满用河内国（今大阪府东南部）的领地换取了北山第的所有权。至此，北山第的建筑工程不断推进，足利义满本人也就搬到北山第居住,足利义满于是被称作“北山殿”，其移居北山第之后的时期也被叫作“北山殿时代”。

据《足利家官位记》的记载，几乎是在北山第始建的同一年（1397），足利义满开始重新启动遣明使的派遣工作。室町幕府的财政状况虽有所缓解，但现在大型活动越办越多，大型工程项目不断上马，让幕府的财政有些吃不消。特别是大型宫殿园林式建筑北山第的修建，又是一项烧钱的事。如果不能恢复中日贸易，像自己的先辈那样从贸易中获取资金，北山第工程的推进将是十分困难的[1]。应永之乱（1399）尘埃落定后，足利义满对九州的控制力加强，基本具备外派使节和朝贡船的条件。而且，这时候坚持与日本断交的明太祖朱元璋已故，在南京的皇位上坐着的人正是建文帝朱允炆。再没有比现在更好的时机了。

应永八年（1401），足利义满以“日本准三后道义”的名义派出遣明使团。如前所述，准三后指的是当时足利义满的政治地位，此时足利义满不担任任何官职，唯有“准三后”这个表示政治待遇的称谓可以表明他的身份。当然，明朝大概率是搞不懂这个“准三后”的含义的。“道义”则是足利义满的法名，是他出家以后的称谓。这次与之前对明朝通使时不同，足利义满不再致信中书省或丞相，而是致信“大明皇帝陛下”，也就是建文帝本人（《康富记》）。这意味着足利义满搞清楚了明朝对“人臣无外交”的坚持，选择以日本国家统治者的身份，对明朝皇帝上书。

被选为使节的两位，一位名叫肥富，是在中日间从事走私贸易的博多商人；另一位名叫祖阿，或者叫素阿弥，是一名“同朋众”。

1　14 世纪镰仓时代后期至南北朝时代初期盛行“寺社造营料唐船”贸易，幕府或公家贵族可以通过派遣一艘入元贸易船的方式，从贸易收入中获取营建寺院所需的资金，这实际上是一种获取财政收入的方式。

在室町时代，同朋众是将军身边的亲随，有僧侣身份，名字一般为某某阿弥，也就是某某阿弥陀佛。他们很多都颇有才干，为将军提供各方面的服务，譬如书画鉴定、文物收藏等，这位素阿弥就是其中一员。二人被任命为使节后，随即奉足利义满之命，率领使团渡海前往明朝。迎接他们的，是因战争状况的不断变化而慌乱不已的建文帝，以及一个人心惶惶的南京城。中日关系史上转折的时刻，就在这样风云突变的背景下到来了。

第六章 “日本国王”的诞生

北山新城

足利义满的北山第开始修建，等到完工还需要一段时间。在这一章的开头，我们先来对北山第的建筑群做一个简要的介绍。

如今，提到室町时代代表性的文化特征，常常会使用一个词“北山文化”来概括足利义满时期的文化成就。相应地，足利义政时代的文化被称作“东山文化”。可以说，“北山文化”和“东山文化”是室町文化的代表，也是日本传统文化形成的关键阶段。那么两者有什么区别呢？最直观的差异可以从北山、东山的两座代表建筑上得到体现——北山金阁寺（鹿苑寺），金光灿灿，穷尽奢华；东山银阁寺，简单朴素，沉静安稳。两者既代表足利义满和足利义政两位室町殿不同的审美风尚，也代表两个时期室町幕府不同的财力状况。

足利义满的北山第是怎样的一座建筑群呢？今天我们到金阁寺，只能看到一座孤零零的金阁，但在义满创建北山第之时，金阁只是其中的建筑之一。根据禅僧瑞溪周凤的日记《卧云日件录拔尤》的记述，北山第的样貌是这样的：

此新第，不可以换西方极乐也。天下于今以为口实焉。今寺西南，有护摩堂，东有忏法堂，今为等持寺宗镜堂者是也。忏法堂东，有紫宸殿，今为南禅院者是也。紫宸殿东，有公卿间，又谓之天上间，今为建仁寺方丈者是也。舍利殿北，有天镜阁，复道与舍利殿相通，往来似步虚，阁北有泉殿……又会处东北山上，有看雪亭。

根据他的描述，这座华美的宅邸有很多的建筑，其中护摩堂、忏法堂是显密佛教的宗教建筑，是义满的信仰空间；舍利殿位于镜湖池之畔，与一座中国式的楼阁式建筑“天镜阁”相连。天镜阁也是北山第内的会所，是举行各种宴会、娱乐活动的场所。此外，北山第的核心建筑是舍利殿，也就是金阁，舍利殿第一层是日本传统的寝殿造风格建筑，第二层为中世盛行的日式书院造建筑，第三层则采用了宋朝传来的禅宗样式建筑风格，小小的一座舍利殿，汇聚了中日合璧的三种不同建筑风格。此外，《卧云日件录拔尤》还记载了北山第建筑群后来的命运——它们大多被拆除、搬迁，北山第只维持了很短的时间。

足利义满的意图不止于此。接下来，他把很多亲信的重臣、僧侣的宅邸一并搬迁到了北山第周边，让他们与自己做伴。甚至，包括三宝院门迹、青莲院门迹在内的显密门迹寺院里坊，即门主的私人宅邸，也一并搬到北山第周边，让他们成了义满的邻居。于是，以北山第为中心，足利义满实际上修建了一座分布着大大小小众多贵族宅邸的卫星城，贵族和高层显密僧们无论是否情愿，也不得不来和义满为邻。整体看来，这座卫星城背靠大文字山，面朝京都的方向，有一条中轴线大路与京都相连。在它的周边，则分布着平野神社、北野天满宫、等持院、真如寺等寺院和神社。在中世的京都，自12世纪初期白河院在鸭川以东修建了一大片寺院和贵族宅邸区域后，京都陆陆续续出现了很多个“权门都市”，也就是以贵族门阀宅邸为中心形成的卫星城。足利义满的北山第实际上也形成了一座“权门都市”。对此，学者细川武稔将以北山第为中心，东西一公里、南北一点五公里的地方称为“北山新都心”，或者我们也可以按照现在时兴的叫法，称之为“北山新城”。北山新城是足利义满新的权力中心，是京都郊外的新中心。

自此以后，大大小小的政治仪礼的活动空间，都转移到北山第了。于是，郊外的北山殿义满，与市内的将军义持，二者隔出了一些距离。足利义满本人，被称作“北山殿”“北山殿大御所”。这也是中世日本常见的“大殿”“大御所”政治形态，执政的大家长，与实际担任职务的继承人两者住在不同的空间里。此外，前文提到，相国寺的七重塔烧毁之后，足利义满将七重塔重建之地改在了北山第，但未及完工，就又烧毁了。此外，相国寺的八讲堂也一并搬到了北山第。可以说，足利义满在相国寺规划的显密祈祷空间被整体转移到北山第来了。义满搬次家，连自己修的这些房子也要一并带着跑。好在是木结构建筑，搬家倒是比较容易。建筑物的转移，其实也是权力中心移动的直观体现。

另外，喜欢热闹的足利义满还在北山第内举行了很多宗教活动。前文提到，北山第里面有很多建筑——除了后来搬过来的七重大塔、八讲堂之外——本来就有护摩堂、忏法堂等显密佛教建筑。再者，一些显密高僧就住在北山新城里面，过来上班很容易。于是，足利义满移居北山第后，开始举行每月为期七天的“北山第大法”和规模较小的“回祈祷”佛事。其中“北山第大法”一般有公卿五六名参加，大法的导师，也就是负责人由青莲院尊道和圣护院道意[1]两位高僧长期固定担任。“回祈祷”规模小于北山第大法，由延历寺、寺门园城寺、真言宗轮流负责。这些宗教活动和前文提到的那些大规模仪式不同，是足利义满个人信仰的体现，是护佑他个人身体的佛事。但是，规模较小的佛事也一点不省钱。北山第大法一次花费可达200贯钱，按照日元现在的购买力折算，

1 青莲院和圣护院分别是天台宗山门派和寺门派的门迹寺院。

大概是3000万日元，也就是140万人民币（2024年4月汇率），而“回祈祷”一次花费200—300贯钱，也就是大约3000—4500万日元，约人民币140—210万元。这样的活动年年搞、月月搞，实在是非常烧钱。当然，这也意味着在北山第修建的这段年月，室町幕府的财政不仅大为好转，甚至可以说一下子从小康进入到了富裕的状态。关于这一点，本书第八章还会详细介绍。

应永九年（1402）九月五日，北山第又举行了一次极为重要的政治仪式。这次和北山第惯常举行的宴饮或宗教活动都不太一样。到场的除了足利义满本人和他亲信的公家贵族、显密高僧外，还有两位来自明朝的僧侣。他们二人的名字，分别叫作天伦道彝、一庵一如。他们的身份，是明朝建文帝朱允炆派来的外交使节。他们所肩负的，是建文帝册封义满为“日本国王”的政治使命。北山新城见证了这一中日关系史上的转折时刻。这是足利义满志得意满的时刻，然而当时，建文帝本人却已经不知所终了。

燕军入京

明建文三年（1401）冬天以后，朱棣决定一路南下，直扑南京。到第二年初抵达徐州城下，因徐州坚守不出，燕军继续南下。四月，燕军与官军激战于安徽灵璧县西南的齐眉山，燕军战败，再度陷入窘境。朱棣的部将几乎都在劝说他撤军回北平了。但这时候，官军一方没有乘胜追击，而是在灵璧挖深沟，筑高垒，准备转入防御。此期间，重新稳住阵脚的燕军趁官军缺粮，袭击官军运送粮草的部队，从而大获全胜，之后，又击败了官军的援兵。燕军一鼓作气，攻克了官军据守的灵璧城。长江以北的官军主力几乎都丧失在了这次战役中。这一战使“靖难之役”以来的相持局面被打破，官军兵败如山倒。

随后，燕军趁势进兵，势如破竹。五月攻克泗州，渡过淮河防线，力克盱眙，进逼扬州，扬州不战而降。建文帝大惊，开始命令天下勤王，但为时已晚，大势已去。六月，燕王朱棣率军渡过长江天险，进军至镇江，守将开城投降。六月初八，燕军已经进至南京以东30公里的龙潭。至此，建文帝已无回天之力。

后来的事情大家就都知道了。建文四年（1402）六月三十日，燕军毫无阻碍地进入了南京城西北方向的金川门，为朱棣打开城门的，是之前他的手下败将李景隆。燕军蜂拥入城，开始接收胜利果实。但这时候，皇宫方向突然起火，大火吞没了这座明朝最初的宫殿，而建文帝本人，也在这场大火中下落不明了。

八月，朝鲜太宗李芳远照例派遣了使节，前往南京去庆贺建文帝的寿辰。九月底，走到半道上，使节听闻六月份的时候建文帝就已经“焚奉天殿，自缢于殿中”，六月十七日燕王朱棣即位为皇帝（《朝鲜太宗实录》），同时，朱棣的使节已经携诏书上路了。

这还了得，朝鲜的庆贺使立即折返，李芳远遂停用建文年号，重新选派使节，到明朝去庆贺燕王登基。但因为事出突然，大家心里都没底，不愿意出使，好在李芳远的亲信重臣河仑挺身而出，主动接下了这个重任。于是，河仑被任命为贺登基使，准备出发。

学者屈广燕认为，朝鲜王朝的诸位大臣们之所以这么紧张，不愿出使，是因为靖难之役开打以来，朝鲜这边和建文帝一直都有往来。当然，建文帝当时才是正统的明朝君主，朝鲜的所为并没有什么不当的地方。另一方面，李芳远当初出使明朝的时候，就已经和燕王朱棣有过接触，前文提到过的朝鲜初期重臣赵浚，也曾作为使节去明朝。赵浚途中经过北平，和朱棣会面之后，对部署们讲：“王（燕王）有大志，其殆不在外藩乎。”（《朝鲜太宗实录》）可以说是对燕王后来上位的预言。李芳远在两次“王子之乱”中取胜，夺取朝鲜王位之后，为了求得建文帝册封，也曾再派使节赴明。当时，朝鲜半岛南端的耽罗，也就是济州岛，是元朝以来蒙古人开辟的马场，繁育了很多良马，十分有名，李芳远便给明朝进贡马匹，借此向建文帝示好。建文帝对此也非常满意，尽管明太祖时期与朝鲜王朝关系紧张，但建文帝为了获得这些朝鲜马匹助战，也改变了对朝鲜的冷淡态度。建文三年（1401）六月，建文帝册封李芳远为朝鲜国王，六月十二日，李芳远穿着纱帽圆领，准备好仪仗鼓吹，率百官至首都汉城宣义门外迎接明朝使臣。

但靖难之役打到后半段，朝鲜方也发现战局开始对建文帝不利了。屈广燕指出，这时的李芳远动了脑筋，两边都不想得罪，于是开始推迟马匹的交付，不发货了。毕竟他见过燕王朱棣，知道是何等人物，也知道给建文帝贡马，在燕王眼中无异于资敌。于是，朝鲜这边开始找各种借口，推脱说朝鲜也并非产马之国，如今要防备倭寇，本国的马匹还不够用呢。建文帝再三责备，朝鲜却发货迟缓。果然，朝鲜方判断正确，建文帝没有扛住燕军的军事压力，最终在南京的宫城里自焚。燕王如愿坐上了皇位。

而在燕军入京之前，日本派来的使节实际上也正好在南京城中。上一章提到，足利义满派肥富、祖阿为使，渡海到明朝去。使节出发的时候，带上了足利义满命公家贵族里面的学者东坊城秀长撰写的国书。国书的格式仍然是日本式的，结尾是“诚惶诚恐，顿首顿首谨言”(《康富记》)，这是日本当时通行的书状格式，并不符合明朝对上表文的要求，年号也没有署“建文”，而是日本年号“应永八年五月十三日”。下一章还会提到，这是在五山禅僧接管外交事务前一阶段的产物，是过渡时期的外交文书。这种外交文书虽然比朱元璋时足利义满直接给明朝的丞相或中书省写的信有了很大的进步，但仍然是不合明朝规制礼法的，倘若国书是交到明太祖的手上，恐怕又会被拒绝。但幸运的是，日本使节一行人这回遇到的是建文帝。

建文帝接受了日本的国书，发出册封足利义满为“日本国王”

的诏书，落款的时间是建文四年（1402）二月初六。这时候，燕王朱棣正与官军激战于徐州一带。灵璧之战还没有打，双方的相持还没有打破。但对精神紧张焦虑的建文帝来说，官军打得毕竟并不算太顺利，燕军的威胁越来越大，这恐怕让他已经没有办法像祖父朱元璋那样从容地应对来自外国的使节。虽然也许无法预测拒绝日本的朝贡会给他带来什么影响，但对他来说，或许与燕军战况胶着之际，周边的敌对政权能减少一个就该减少一个。无论朝鲜还是日本，都是如此。因此，建文帝这回违背了朱元璋时期的常态，决定册封日本。于是，天伦道彝、一庵一如两名僧侣，被建文帝选派为使节。

建文帝来使

明使一行抵达日本九州，大概是这年（1402）六月的事。七月四日，京都已经收到了来自九州探题发来的汇报。这样算下来，明使一行可能是在五月起航的。当时灵璧之战已经结束，燕军一路南下，建文帝朝廷的形势已岌岌可危。六月十三日，燕军进入南京城，而此时的明使一行尚在路途中。抵达九州后，明使天伦道彝、一庵一如与日本遣明使祖阿、肥富等人继续沿濑户内海东行，于八月一日抵达了近畿地区的港口兵库（今神户市一带）。

足利义满终于等来了盼望已久的明朝使节。按照明太祖朱元璋时期规定的礼节，被册封的蕃国君主需要至城外亲自出迎，以示郑重。足利义满不仅走出京都迎接，而且还带着幕府管领畠山基国、重臣一色满范、山名时熙一干人等亲赴兵库迎接（《吉田家日次记》）。此后这也成为室町殿迎接明使的惯例。但在日本的史料中，足利义满赴兵库迎接明使的举动一般被记为“唐船御览”或“宋船御览”，仿佛义满只不过是为了看热闹而去的。

八月八日，明使一行人在日方接待者的带领下，参访了京都西南面的神社石清水八幡宫,在这里用过简餐之后就启程上京(《石清水文书》)，九日夜晚，他们在室町幕府安排下，在真言宗仁和寺的下属寺院法住寺下榻。仁和寺现在是京都的世界文化遗产，以樱花闻名，不过明使一行到达时已是夏季，早就过了花期。需要注意的是，仁和寺虽然现在属于京都市，但在当时其实与北山第一样，是京都的郊外。从这里去往足利义满的北山第，只有两公里的距离。北山第则是之后举行册封仪式的会场。

需要注意的是，在仁和寺下属的法住寺入住以后，足利义满派兵把守寺门，将明使的住处团团围住（《宋朝僧捧返牒记》）。明使一行实际上被隔离起来，不得离开住处，进入京都。这是足利义满有意为之。联想到此，可以知道义满将明使安排在仁和寺内居住，并非仅仅因为那里离北山第的会场近。室町时代京都的范围比今天我们理解的京都市要小得多，街区基本上在千本通、大宫大路以东，鸭川以西，鞍马口通以南，七条大路[1]以北的范围内，北山第也好，仁和寺也好，都远离这块核心区域。无论是走陆路还是走水路，从石清水八幡宫到仁和寺，都不需要经过京都的街区。因此，明使一行说是到京都去册封足利义满，但事实上全程被排除在京都之外。义满的目的显而易见：他想把明朝使团隔离在京都之外。

足利义满之所以采取这种措施，不用说，自然还是对册封心存顾虑。数百年来，日本都被孤立在朝贡体制之外。虽然与明朝重开贸易的需求已十分迫切，但在京都的公武社会之中，就像本书第一章所述的那样，主张日本不接受册封的言论才是当时的主流。在13世纪末的元日战争之际，元朝数度向日本遣使，日本既不答复，也不允许使节入京。要打破这种长期以来的外交孤立状态，仍然需要冒极大的政治风险。在洪武时期，足利义满之所以选择与明朝中书省或丞相胡惟庸通信，就是想要回避“国王”与“皇帝”二者的正式外交途径（即回避朝贡和册封），摸索臣下与臣下的交往之路，也就是“人臣外交”，然而，这条路没能走通。这一次，足利义满迎接明朝使节依旧十分谨慎。

九月五日这天，北山第举行了足利义满与明朝使节的会面，也就是册封的仪式。明使一行从仁和寺的住处，沿北山第南面的

1 以上地名基本至今未变。

中轴线“八町柳”一路北行。有意思的是，足利义满在明使经过的路途中安排武士带甲列队，严阵以待。当时的史料记载，义满此举是为了“示威于唐僧也”(《和汉合符》)。这里提到的“唐僧”就是明朝使节天伦道彝、一庵一如，足利义满安排这些带甲武士，似乎是有意识地要在明使面前显示自己的权势，耀武扬威一番。这一记述十分耐人寻味。

然后就是最后的仪式部分。依据石田实洋、桥本雄对一手资料《宋朝僧捧返牒记》的复原，仪式当天的情况我们已经能够比较清晰地一观。

首先，出席北山第册封典礼的人有哪些？除了必须出席的受封者足利义满和明册封使之外，还有日本朝廷的公卿 10 名、殿上人 12 名，以及圣护院道意、三宝院满济以下上层僧侣 10 名，但法亲王级别的最高层僧侣并未到场。另外，室町幕府的诸位武家重臣，比如斯波义将、畠山基国也并未到场，大名们同样一个也没来。不仅如此，向来被视为室町幕府外交事务负责人的五山禅僧们，特别是五山各大寺院的住持，除了两人陪同明使出现在队列中之外，其余的也并未出席。这是非常不可思议的。

桥本雄指出，如果将典礼当天列席者的名单，与此前一直在北山第举行的宗教活动“北山殿大法”的参会者做个对比的话，就会发现两个名单并没有多大区别。册封典礼的参加者几乎都是足利义满宠信的公家贵族和僧侣。甚至，僧侣在典礼中处于更核心的位置。如果不是有明使捧着国书出现在现场,这个“册封典礼”或许看起来更像一个普通的北山第佛教法会。更何况，两位明朝使节本身就是僧侣。

其次，石田和桥本还分析了典礼现场的布置情况。根据明朝规定的册封礼仪，典礼场所中需要设置“阙庭”，作为形式上象征明朝皇帝的方位，阙庭以南设置香案，东侧是册封使的位置。被册封者的位置则在南侧，面朝北方，也就是面朝明朝天子的方位。然而册封足利义满的典礼上，明使一行人从东侧门进入，足利义满自己的位置则在北方，面朝南方。因此，在这个典礼中，足利义满代替了明朝皇帝，居于典礼中的最高位。这于明朝无异于是一种“无礼”的举动。足利义满是不懂明朝礼仪吗？并非如此。他的身边有很多五山禅僧，他们中有的曾留学中国，有的还曾在明朝首都南京的天界寺这个明朝安排来给外国使节学习礼仪的场所学习过明朝礼仪[1]。对仪式达人足利义满来说，如此“无礼”之举不可能是因为无知，只可能是有意为之。

另外，整个册封典礼之中，足利义满的着装和举动也颇有趣。足利义满并没有穿着明朝赐予的服装，而是穿着海老色（紫红色）的法服和一件白底的金襕袈裟（《满济准后日记》)。僧侣打扮的足

1 明初南京天界寺位置靠近接待使节的会同馆，明朝规定使节在朝见皇帝前，须在天界寺学习礼仪。

利义满对着明朝的国书烧了香，然后礼拜一次（或三次），这实际上都是违背明朝礼仪规定的举动。不过，接受国书时，足利义满的姿势是“蹲踞”，或呈跪姿（《满济准后日记》），表现出了十分恭敬的姿态。我们在仪式中看到的足利义满，似乎呈现出一副矛盾的样子：一方面恭敬地迎接明使，接受国书；另一方面却刻意“违礼”，有意识地和明朝的宾礼制度保持距离。并且，册封典礼的参加人数极其有限，明使一行的路线也被隔离在京都之外。这就使得这次建文帝的册封仪式的传播范围很小。对于大多数公家贵族、武家重臣、武士和民众而言，他们恐怕并不知道北山第里仪式的内幕。

当然，无论对建文帝，还是对足利义满而言，册封关系的达成，日本回到朝贡体制之内，这件事情要比仪式本身是否“无礼”或“违礼”这种面子问题重要得多。总之，足利义满在这一刻，正式成为了明朝承认的、朝贡体制之内的“日本国王”。这件事情具有划时代的重要意义。

李芳远的使团

建文帝给足利义满的诏书，主要内容是这样的：

> 朕自嗣大位，四夷君长朝献者，以十百计。苟非戾于大义，皆思以礼抚柔之。兹尔日本国王源道义，心存王室，怀爱君之诚，逾越波涛，遣使来朝，归逋流人。贡宝刀、骏马、甲胄、纸、砚，副以良金。日本素称诗书国，常在朕心……今遣使者道彝、一如，班示《大统历》，俾奉正朔。(《善邻国宝记》)

诏书的大致内容是些套话，无非是讲足利义满如何诚心朝贡，倾心向化。建文帝于是赐义满“日本国王源道义”的称号，前文提到，“道义”是义满的法名。此外，建文帝还颁赐了历法，这也是册封的必要环节。在诏书中，建文帝称日本为“诗书国”，这与太祖朱元璋时期对日本的认知很不一样。

然而，等到册封典礼举行时，距南京城宫中起火，建文帝不知所终已有三月。皇帝的宝座上已经换了人，建文帝的正统性也被新君否定。因此，册封实际上是破产了，应当是无效的。很快，足利义满就知道了这一尴尬的情况。

这段时间里，朝鲜和日本之间的使节往来十分频繁。研究日朝关系史的学者木村拓复原了历次日朝间使节往来的经过。朝鲜太宗李芳远在位的第二年，即明建文四年（1402）六月，李芳远赐给来访的“日本国大相国”使节丰厚的礼物，不用说，这位“大相国”就是足利义满。于是，李芳远借此机会派遣使节到日本去。遣使的目的与往常一样，是督促足利义满禁绝倭寇，并将被倭寇抓去的“俘虏人口”送回朝鲜（《朝鲜太宗实录》）。第二年，“日本大相国”的使节又来了，于是出于回礼，李芳远再度遣使日本，十月底，朝鲜使节团在北山第与足利义满会面（《吉田家日次记》）。同月，足利义满派遣的新一批使节，也带着130名被倭寇抓到日本的被掳人回到了朝鲜（《朝鲜太宗实录》）。可以说，这时足利义满与李芳远之间已构筑了十分友善的交邻关系。当然，建立交邻关系的目的是为了剿灭倭寇，确保朝鲜海疆的安全，李芳远本人对日本没有多少好感，在他眼中，“（日本）蕞尔岛夷，一举可歼”，不值一提（《朝鲜太宗实录》）。

就在应永十年（1403）二月十九日，建文帝的使节天伦道彝、一庵一如一行，来到北山第向足利义满辞行。接下来，他们将去京都西南郊的八幡，然后前往兵库港，在那里乘船返回明朝。按照东亚外交的惯例，刚刚被册封为“日本国王”的足利义满，需要派遣使节到南京，向明朝的皇帝（也就是建文帝）答谢。但是，这时候足利义满获知了“靖难之役”的情报：明朝发生了很大的震动，众说纷纭，据说去年冬天（1402）已经有了大变故，皇帝的叔父击败了皇帝，夺了皇位（《吉田家日次记》）。研究中世东亚国际关系史的米谷均认为，传到足利义满耳中的这一情报，来源可能就是当时在京都的朝鲜使节，而且就是1403年与足利义满会面的那批使节。但是，那次会面的时间是十月底，当时建文帝的使节已经出发八个月了，时间上相隔太长。从常理推断，是前一年（1402）朝鲜派遣的使节的可能性更大。

如前所述，朝鲜在明建文四年（1402）九月已经知道了“靖难之役”的结果，而1402年的赴日使节所携带的朝鲜议政府致“日本国大将军”的国书，发出时间是七月十一日（《朝鲜太宗实录》）。国书发出后，使团的准备还需要一些时日，实际上登船的时间可能已在九月以后。使团大概就是在此时获知了刚传入朝鲜的“靖难之役”情报。也正因为如此，之后这批使节传给足利义满的讯息很不确切，仍然众说纷纭。这让义满十分困扰，因为消息是真是假，很难查证。况且，好不容易获得了明朝皇帝的册封，但现在可能连皇帝也没了，册封还会不会生效呢？无论如何，都只能派人到明朝去，一探究竟。

于是，足利义满任命禅僧坚中圭密为正使，前往中国。坚中圭密在一天前才刚刚被义满火线提拔为天龙寺住持，是义满看中的外交人才。关于他的传奇经历，我们在下一章还会详细介绍。另外，足利义满还命令有入明留学经历的禅僧绝海中津来撰写国书。这一次，绝海中津所撰写的是一篇正式的表文，署名“日本国王臣源”。这是建文帝刚刚册封给义满的称号。并且，考虑到明朝国内局势究竟如何尚不清楚，义满让他准备了两份国书，一份给建文帝，一份给新皇帝朱棣（《吉田家日次记》），让他到南京以后见机行事，看情况填上“正确”的年号。我们可以看到，这篇给朱棣的国书，内容是吹捧“大明皇帝陛下”如何“戡定弊乱，甚于建瓴，整顿乾坤，易于反掌，启中兴之洪业，当太平之昌期”，用词极为露骨（《善邻国宝记》）。虽然给建文帝的那篇我们已经看不到了，但是可以推测，其内容一定也是露骨地吹捧建文帝如何平定燕王叛乱，巩固大明的江山之类。可惜的是，虽然给朱棣的国书被全文收录下来，但给建文帝的那篇，已经被人为地遗弃在历史之中了。

于是，自称“贺新主之使”的坚中圭密抵达南京，这让新君朱棣十分高兴。日本使节虽然比不上朝鲜使节河仑那般迅速，没抢到“首贺之功”，但基本上也与琉球、安南不相上下。于是，朱棣认可了建文帝对足利义满的册封，命人再度起草了一份国书，说“朕（朱棣）登大宝，（义满）即来朝贡，归向之速，有足褒嘉”，再度册封足利义满为“日本国王”（《善邻国宝记》）。使节为左通政赵居任、行人张洪，以及僧录司的僧侣雪轩道成。朱棣的使节一行，于次年（1404）抵达日本。

皇帝登基

终于，历经了四年的“靖难之役”，燕王朱棣顺理成章地即位为帝，改元永乐，后来庙号为“太宗”，直到嘉靖时才改为“成祖”。

在与周边政权和国家的关系上，永乐帝与洪武帝朱元璋很不一样。朱元璋在建立海禁制度与朝贡体制的同时,列出了十五个“不征之国”,告诫后世子孙,不得肆意兴兵,劳师远征。这十五个“不征之国”是:朝鲜、日本、大琉球、小琉球、安南、真腊、暹罗、占城、苏门答剌、西洋、爪洼、湓亨、白花、三弗齐、渤泥,基本上就是从东北亚至东南亚全境。除了持续对北元势力作战之外,洪武时期边疆大部分地区处于和平状态。因此,像元世祖忽必烈那样对日本、安南、爪哇用兵的情况,在洪武时期没有出现。在东南海疆方面,虽然受困于倭寇的骚扰,朱元璋也曾斥责日本统治者的不作为,断绝和日本的外交往来,但终究并未对日本兴兵讨伐,而是严守海禁、加强海防,隔绝与倭寇策源地日本列岛的往来,以防御的姿态迎接海上的挑战。面对朝鲜王朝,即便多次出现摩擦,朱元璋对朝鲜也屡次感到不满,但双方的关系仍然没有破裂。洪武时期是东亚国际秩序的一个过渡时期,从蒙元的崩溃到朝贡体制的完成,需要一个外交上的“休养生息”时期。

但永乐帝的做法,与其父不尽相同。除了屡次御驾亲征、出兵漠北之外,永乐四年(1406),明军出兵安南,攻灭安南胡朝,在安南设置交趾都指挥使司、交趾等处承宣布政使司及交趾等处提刑按察使司等官署,将安南纳入明朝的直接管辖。永乐帝打破了“不征之国”的祖训,对安南用兵,这令处于东北亚的朝鲜太宗李芳远也极为紧张,感叹自己的国家“土瘠民贫,境连上国”,如果真的像安南那样和明朝起了冲突的话,万事休矣,唯有“尽心事大，以保一区”（《朝鲜太宗实录》）。

另一方面，永乐帝朱棣即位以后，就积极向周边各国派遣使节，催促其入明朝贡，恢复万邦来朝的盛世局面。朱棣在永乐三年（1405）开启了著名的“下西洋”事业。郑和的船队是一支全副武装的舰队，随行士兵有两万七千多人，船队所到之处，除了与海外诸国缔结邦交，诱其来贡之外，也积极肃清海域秩序，以军事行动剿灭威胁朝贡体制的海上势力。比方说，郑和曾在旧港（今印尼苏门答腊巨港）剿灭海盗陈祖义势力，在锡兰山（斯里兰卡）之役中生擒了挑衅的国王亚烈苦奈儿。可以说，永乐帝不再“休养生息”，在对外关系上，他与太祖朱元璋呈现出了迥然不同的进取姿态。

好在足利义满这批所谓的“贺新主之使”来得正是时候，永乐帝刚刚结束战争不久，“篡位”的骂名还没有洗刷掉。于是，在日本使节主动到来之前，他已经于永乐元年（1403）八月十四日主动选派了使节，准备派他们去日本招谕，告知日本明朝天子换人的消息，催促日本来贡（《明太宗实录》）。正好就在此时，浙江宁波方面奏报，说日本使节坚中圭密一行上岸，前来庆贺新君登基。这让永乐帝非常高兴，外国使节的来朝，意味着对他得位合法性的承认，更何况，日本使节是没等他派人去招谕就主动上门拜贺，实在诚心可嘉。于是，永乐帝热情款待了足利义满的使节。第二年送他们回日本的时候，让前述的赵居任、张洪、雪轩道成代表明朝一道赴日，并赐予足利义满龟钮“日本国王”金印、冠服。“日本国王源道义”得到了明朝新君的正式承认。

就这样，本书标题“皇帝与国王”中所提到的这位“明朝皇帝”与“日本国王”，终于建立了正式的联系。日本应永十一年（1404）四月十九日，坚中圭密率领的日本遣明船先行抵达兵库，两周后的五月三日，永乐帝的使节也顺利抵达。足利义满按照上次迎接建文帝使节的先例，亲自到兵库出迎。五月十二日，明使一行进入京都，与上次建文帝使节悄悄进京、被隔离在京都之外不同，这次的永乐帝使节入京时，排出了“上下七八十人，马上者三十余人”的入京队列（《东寺王代记》），规模不小。五月十六日，在北山第照例举行了册封仪式，这次出席的公卿有30余人，是建文帝那次的三倍。而且，因为六月正好是京都举行祇园祭的时节，刚刚接受完册封，志得意满的足利义满还邀请明使一行人去观赏祇园祭的活动。前文提到，祇园祭是当时京都最重要、最热闹的市民节庆活动，不分贵贱，观看者众多，现场甚至还搭有看台。足利义满不再像上次那样将明朝使节与京都的民众隔离开来，而是主动创造了一个让他们为京都民众知晓的机会。可以说，这次对永乐帝使节的接待，与建文帝时很不一样了。可预见的是，这也会让永乐帝本人十分满意。足利义满的政治嗅觉是敏锐的，他的这次遣使，创造了室町幕府与明朝一段极为难得的“蜜月期”。

第七章　义满的外交团队

作为“外交机关”的禅宗五山

这一章，我们将给大家介绍一下足利义满的“外交团队”。除了前文提到的第一次遣明使节祖阿、肥富，撰写国书的东坊城秀长、绝海中津之外，足利义满能够打通与明朝和朝鲜的外交渠道，获得出使的成功，原因之一就是他麾下有一个富有国际知识的外交团队。其中最重要的，当然是被称作“外交机关”的禅宗五山寺院。

第二章提到，五山禅僧第一次正式登上室町幕府的外交舞台，是在将军足利义诠执政期间。当时，高丽恭愍王遣使日本，按照中世的惯例，国书仍然递交到了京都的公家朝廷手里，但公家朝廷不愿直接出面回信，于是甩手将国书转给了幕府。幕府将军足利义诠也不愿意亲自出面，于是，他指派亲信的禅僧春屋妙葩以“僧录”的身份，起草了给高丽王朝的回信。此后在大多数情况下，五山禅僧起草外交文书，成为了室町幕府的惯例。由五山禅僧来回信的理由有二，其一是在实际的对明朝交往中，禅僧撰写的遣明表较公家学者所撰之文更加符合明朝的要求和期望；其二是足利义满可以通过将外交事务专交五山禅林处理，回避公家政权的参与，进而规避因册封而带来的国内政治风险。

关于第一点，前文提到，公家贵族里面的学者东坊城秀长撰写的汉文国书，虽然文辞还算通顺，但完全不符合明朝期望的格式，还是封日本式的文书。国书提到给明朝的贡物的时候，记作“铠一领，筒（胴）丸一领，剑十腰”（《善邻国宝记》），这里的“腰”，实际上是日语里面刀剑的计数单位，并不是汉语的。但没有中国留学经验的东坊城秀长大概没有意识到这一点。等换成了曾留学中国的禅僧绝海中津撰写国书，立马就变成了十分漂亮的汉文。绝海中津也是日本汉文学上的大人物，是“五山文学”的大家。在当时的五山禅宗寺院里，由于有绝海中津这样的留学僧们的指导，禅僧们需要学习诗词格律和汉文的作法，也需要掌握儒学乃至道教的知识。比方说，禅僧虎关师练编写的《聚分韵略》，就是一部为了让五山禅僧掌握作诗押韵规则而编写的韵书。甚至，宋元以来的医学、药草学、天文历算的知识也在五山寺院里面流传。可以说，五山禅宗寺院就是当时日本汉学水准最高的地方。因此，足利义满也认识到，五山禅僧拥有更为优秀的汉文素养，能够撰写华丽的四六文章，而且还熟知中国国情，是起草外交文书的不二之选。

关于第二点，前文提到，足利义满开展对明朝的外交活动之时，公家贵族们很多都颇有微词。甚至连武家的重臣们也有持批判态度者。纵然能够从明朝获取众多的政治和经济利益，但毕竟是打破中世的先例，主动对外朝贡，还越过天皇，直接被册封为“国王”，实在是冒天下之大不韪。足利义满对此十分小心，明朝册封的“日本国王”这个称号，他虽然会在对明朝、朝鲜的通信中使用，但在日本国内则全无使用痕迹，仿佛册封没有发生过一般。因此，让五山禅僧这批披着袈裟的“方外之士”起草国书，绕过公家朝廷，把公家贵族们排除在外交活动之外，实际上是一种政治避险。

那么，除了起草国书，五山禅僧还在哪些方面参与了足利义满的外交活动呢？

首先是担任外交使节。自打足利义满与永乐皇帝搭上线，此后的入明外交使节几乎全部由禅僧来担任。比如多次出使的坚中圭密，以及后来的龙室道渊、天与清启等，这些使节都是禅僧。而室町幕府及麾下的管领、大名们派往朝鲜的使节，也多由禅僧担任。史料里面看到自称“某某首座”“某某藏主”的日本使节，都带有僧侣身份。其次，使节团内部一些负责具体贸易事务的官员，比如居座，通常也是由禅僧担任。当时禅僧一般有东班众和西班众之分，前者包括都寺、监寺、副寺、维那、典座、直岁这六个职务，相当于行政人员，后者相当于教学人员。东班众行政能力很强，担负寺院财务运行、庄园管理等大小事务，甚至还会跑到外面去兼职做代官，或经营放贷业务，属于高级事务性人才，他们擅长赚钱，因而自然也会为幕府所用，或为幕府理财，或被选派为外交使节。禅宗寺院里面的东班众，可别想象成青灯古佛、终日坐禅的形象，得想象成半泽直树那样才对。

国内涉及明朝的电视剧里有时也会出现日本室町幕府的使节，但几乎都是剃了月代头的武士模样，如果替换成披着袈裟的僧侣形象，就更加符合当时的情况了。不仅是使团的正副使节，外交使节的整个派出过程，也与五山禅林的管理机构鹿苑僧录，以及将军的禅宗事务秘书荫凉轩主二者相关。以遣明使的派遣为例，荫凉轩主首先和使节候选人交流，明确使节的意愿，然后通过与遣明船运营实际工作的幕府官员，也就是唐船奉行、政所执事等沟通，做出人员安排调整后，草拟候选人名单并向将军上报。在取得将军同意后，最后决定人选。荫凉轩主在其中担任了选派人员、上传下达的最核心作用，也担负推荐人选之责。可以说，在室町幕府的眼中，由于禅宗五山是“外交机关”，那么作为禅宗事务秘书的荫凉轩主理所当然成为外交使团派遣的责任人。

另外，对外国使节的接待，同样需要五山禅僧们的参与。这是因为五山禅僧即便不懂汉语，也能用汉文与来使笔谈。与中世公家贵族、武士们的汉文能力相比，五山禅僧的水平高出一大截，能够和明朝、朝鲜的使节诗文唱和。在东亚外交的舞台上，使节的迎来送往历来是“文化竞赛”的场合，比拼的是汉文化的水平，明使自不必说，朝鲜使节也颇为自负，想要在朝鲜使节面前不落下风，就只有靠以汉诗文见长的禅僧出马。在外交使节面前，五山禅僧代表了室町幕府的面子。室町时代的五山禅宗寺院里，既有一流的学者，又有一流的文人，还有一流的外交家和一流的银行家、一流的会计，各类人才，应有尽有。接下来，我们就来看看足利义满时期一位杰出的外交僧——坚中圭密的经历。

禅僧坚中圭密

禅僧坚中圭密，是足利义满外交团队中一位举足轻重的人物。根据禅宗史大家玉村竹二的考证，他大概是远江（今静冈县）人，生年不详，卒年亦不知何时。从禅宗的法脉上来看，他并不属于当时日本五山禅宗权势最大的一派“梦窗派”，与本书提到的其他几位负责外交事务的禅僧春屋妙葩、绝海中津等并非同门。他的师父、师祖，都是日本禅林中籍籍无名的小人物，往上追溯三代，曾师祖玉峰妙圭，倒还算是梦窗疏石的师兄弟。既无名师，又无杰出弟子，若是仅从禅宗法系内部来看，坚中圭密不算出身名门，实在谈不上有多好的人脉资源。因此，他能够在人才济济的五山禅林中脱颖而出，必有其过人之处。

按照村井章介在《日明关系史研究入门》一书中的考证，坚中圭密曾做过东寺领地远江国原田庄细谷乡的代官。东寺是真言宗的根本道场，密教寺院，和禅宗没什么关系。禅僧坚中圭密能做东寺庄园的代官，自然是因为他事务工作能力——特别是经济能力出众。当时，精通算术、有庄园管理或会计工作经验的禅僧被显密佛教寺院雇用为代官的比比皆是。坚中圭密极可能就是其中的一员。朝贡使节所必备的，除了外交知识，还有贸易或经济方面的素养。另外，坚中圭密在语言上也颇有天赋，虽然不曾留学中国，但屡次出使的经历竟然让他学会了汉语口语，能和中国人交流（《善邻国宝记》），这在入元留学僧纷纷凋零的 15 世纪初，显得特别难能可贵。

坚中圭密首次作为使节入明，正好就是靖难之役之后，以“贺新主之使”名义抵达南京的那一次。这一次，坚中圭密出色地完成了足利义满安排的任务，巧妙地利用了永乐帝刚上位的时机，帮助义满顺利赢得明朝的册封。归途中，坚中圭密一行人还造访了江南地区的多座寺院，拜访明朝的文人和僧侣，为没能亲身赴明的多位五山高僧求取题跋或赞语。我们看到，日本使节们求取题跋的对象之中，甚至有永乐帝身边的“黑衣宰相”独庵道衍（姚广孝）。可以说，坚中圭密一行人是在为后来继续出使明朝积攒人脉。

足利义满第二次向永乐皇帝派遣使节，是在应永十一年

（1404），也就是首次遣使的一年后。这次的正使不是坚中圭密，而是禅僧明室梵亮，之后的第三次同样不是坚中。但到了1406年，坚中圭密再次被足利义满任命为遣明正使。次年五月，坚中圭密和永乐帝成功会面，永乐帝对坚中圭密颇为赞赏。因此这一次，除了惯常的发给“日本国王”足利义满的敕谕之外，朱棣还特别地给坚中圭密一封敕书。这封敕书的对象是“日本国正使圭密、副使中立”，永乐帝对坚中圭密一行的活动十分满意，特别颁发了这道敕书以示嘉奖，因为夏季天热，还赐他“时果四品”（相国寺藏《永乐帝敕谕》）。回程的时候，据说永乐帝还赏赐给足利义满铜钱20万贯（《教言卿记》）。坚中的出使大获成功。

坚中圭密回国以后，还没休息多久，很快又被足利义满再次启用，担任新一次的遣明使节（1408）。这是坚中圭密的第三次出使。这次除了常规的贡赐，坚中圭密还特地代表足利义满向永乐帝请赐仁孝皇后徐氏的《劝善》《内训》二部书（《明太宗实录》）。徐皇后是明朝开国名将徐达之女，明永乐五年（1407）徐皇后刚病逝，永乐皇帝大概仍处在悲痛之中。可以想见，日本使节求取徐皇后著作的举动，一定会令朱棣倍感欣慰。当然，与其说是足利义满真心对徐皇后的著作感兴趣，倒不如说是长袖善舞的坚中圭密，巧妙地拍了永乐帝的马屁。于是，永乐帝果然非常高兴，命礼部赐予《劝善》《内训》各100部。坚中圭密在外交方面的敏锐嗅觉可见一斑。

就在坚中圭密第三次出使明朝、滞留南京期间，日本新一批使节团已经抵达明朝。这批使节团带来的是足利义满去世的消息。于是，永乐帝给义满赐谥号“恭献王”，并顺势册封足利义持为“日本国王”。此后，足利义持继续任用坚中圭密为谢恩使，应永十七年（1410）的时候，坚中第四次踏上明朝的土地，圆满完成了人生中最后一次出使任务。由于之后足利义持的外交政策剧变，坚中圭密没能第五次入明。但一生中四次担任遣明使节，受到足利义满和朱棣两位统治者的高度评价，这在室町时代的历史上是绝无仅有的。坚中圭密是足利义满外交团队中最不可或缺的角色之一。

“印度”来客

足利义满的外交团队中还有一位来历不明的人物。史料记载他的称谓是“天竺圣”，也就是“印度来的圣人”的意思。不过，日语里面的“圣人”和汉语语境下的“圣人”不太一样，一般多指那些游离在体制之外，到处游方修行的下层僧人。“天竺圣”来到日本的时间并不确切，大概是元末兵乱之际，至迟到应安七年（1374），他已经在为足利义满做事了（《大乘院日记目录》）。当时正是足利义满第一次派出遣明使节之时。后来他与河内楠叶

（今大阪枚方）的女子结合，生下一子，取名楠叶西忍（1395—1486）。这位楠叶西忍两次参加遣明使团，是一位才能卓著的商人和外交人员。

关于“天竺圣”的史料记载非常少，不过只言片语。我们通过15世纪中期的史料《大乘院寺社杂事记》，大致可以知道“天竺圣”居住在京都三条坊门乌丸一带，以经商为生，手底下有座名为“唐人仓”的仓库。他和禅僧绝海中津关系不错，曾受他照顾，也是经绝海中津的引荐，才开始为义满服务的。另外我们也知道，“天竺圣”之子楠叶西忍早年还有个名字叫“ムスル（musuru）”，因此也有人认为这实际上指的是Muslim这个词。如果是这样的话，“天竺圣”也可能出身于信仰伊斯兰教的家庭。

作为贸易商的“天竺圣”，想必是参与足利义满遣明使团运营的商人之一。但我们无法知道他在其中的确切活动，甚至连他是不是真的来自“天竺”都不能肯定。在当时日本人的世界观中，世界无非由中国、日本、天竺三国构成，各国若不是附属于中国，便是附属于天竺。甚至后来的西方传教士，也曾自称来自“天竺”。因此，虽然叫作“天竺圣”，但他未必就是一位印度来客，而是可能来自东南亚的爪哇、暹罗等地，乃至西亚的阿拉伯地区。至于他的宗教信仰，虽然来日以后多半成了一位佛教徒，但他原本是信奉佛教、印度教还是伊斯兰教，我们都无从得知。当然，人们对他以“天竺”相称，大概是因为他有着与东亚人迥异的相貌。

从常理来看，“天竺圣”来自东南亚，与南海贸易有关的可能性更大。实际上，在足利义满、义持的时代，曾有“南蛮人”远航来到日本。这些“南蛮人”可能就来自东南亚。譬如应永十五年（1408），有一艘“南蛮船”来到了日本海沿岸的若狭小滨（今福井县小滨市），船上携带的货物，有黑皮肤的大象一头、山马一只、孔雀两对、鹦鹉两对，都是日本人很少见过的珍禽异兽（《若狭国税所今富名领主代代次第》）。“南蛮船”领头的自称南蛮国使节，据他描述，“南蛮国”的国王名字叫亚烈进卿。“亚烈”就是阿里（Ali），是穆斯林的常见名字，但这位“亚烈进卿”并不是土著的东南亚穆斯林，而是一位华人，真名叫施进卿，他的真实身份是东南亚的华人海商领袖、郑和的盟友，明朝封的“旧港宣慰使”。

中世的日本人对世界地理构造的认知并不清晰。“南蛮”虽然在16世纪之后几乎成为在日本活动的西班牙、葡萄牙人的代称，但在15世纪，仍是日本人对日本以南各地的泛称。在语义覆盖的范围上，与“天竺”其实并没有什么两样。顺便一提，“天竺圣”虽然在京都经营“唐人仓”，但并不代表他是中国人。“唐”同样是一个可以泛指外来事物的称谓。[1]应永十九年（1412），“南蛮船”又来了，船只所携带的都是东南亚的珍奇异宝，令日本人大

1　中国、朝鲜半岛皆被称为“唐”，甚至有些史料将后来的荷兰人也称作“唐”。

感新奇。此外，施进卿派出的使节陈彦祥（《朝鲜王朝实录》称其为“亚烈陈彦祥”）还曾多次顺路出使朝鲜，和朝鲜王朝进行贸易。就像这样，东南亚的华人海商在当时频繁到日本、朝鲜通商贸易，甚至东南亚的“南蛮船”还曾在日朝间海域遭到抢劫，船上舶载的苏木、胡椒等东南亚特产，被打劫的日本人拿去转手卖给朝鲜人。因此，“天竺圣”很可能也是这样一位从东南亚到日本来做生意的商人。

足利义满的时代，“天竺圣”及其子楠叶西忍住在京都，义持时期移居到奈良，为奈良的兴福寺大乘院门迹服务。由于大乘院后来也曾参与遣明船贸易，楠叶西忍也就获得了机会，作为从商登船，到明朝去参加朝贡贸易。楠叶西忍所记录下的关于遣明船贸易的信息，成为我们今天了解明代中日贸易结构的重要史料。“天竺圣”与楠叶西忍，是室町时代参与中日贸易的许许多多的商人中的杰出代表。

此外，足利义满麾下还有众多日本本土的商人为他服务。比如前述曾与祖阿一同出使明朝的博多商人肥富，在足利义满对明外交成功以前就曾穿梭于东亚海域之上，从事走私贸易。笔者在《神风与铜钱：海岛日本遭遇世界帝国1268—1368》中提到，在宋代中日民间贸易极为繁荣的时期，曾有大量的宋朝商人到博多定居，成为东亚海域上最主要的海商势力。在义满的年代，宋商的时代已经退去，日本商人开始活跃起来，在中日、日朝贸易中扮演越来越重要的角色。但这片海域的多元属性仍然不变，“天竺圣”与楠叶西忍的存在，就是中日贸易主体多元性的体现。“天竺圣”应当是义满外交团队的骨干力量，也是足利义满外交灵活性的象征。

“被掳人”魏天与医师“陈外郎”

在足利义满的外交团队中，还有一类极为特殊的群体，名为“被掳人”，也就是被倭寇抓到日本的明朝人和朝鲜人。每次日本方面配合打击倭寇，都会遣返倭寇抓来的被掳人。被掳人中有一位，名叫魏天，因被载入足利义持时期的朝鲜入明使节宋希璟所著的《老松堂日本行录》而为人所知。下面，我们按照伊藤幸司的研究，对魏天的经历来做一个复原。

魏天大概出生于1350年以前，故乡在中国的沿海地区。当时还是元代末期，也就是东亚海域极为动荡的年月。大约也就在这时，年少的魏天为倭寇所掳，年纪轻轻就背井离乡，开始了在日本的为奴生活。当时，像他这样的被掳人有很多。他们大多过着不见天日的悲惨生活，只能从事极为卑贱的营生，甚至终身为奴，鲜有自由。但魏天被掳后，在日本并没有停留太长时间。东亚海域一直存在着跨境的人口贩卖链条，魏天之后被转卖到朝鲜半岛，成为高丽末期朱子学者李崇仁的家奴。这成为魏天人生的转折点。魏天在语言方面大概颇有天赋，除了出生以来就会的汉语之外，因为辗转三国，他还努力学会了朝鲜语和日语。这样，魏天的语言才能终于得到了朝鲜人的赏识，朝鲜太宗李芳远在 1404 年派遣使节吕义孙去日本时，大概魏天也作为翻译随同了。这样，魏天跟随朝鲜使团，又回到了自己少年时的落难之地日本。

据伊藤幸司考证，当时正好明朝永乐帝的使节潘赐、王进也启程赴日，前往京都拜会足利义满。应永十二年（1405）五月一日，明使一行正在京都南侧东寺的金堂休息的时候，朝鲜使节吕义孙等人闻讯而来，前来拜会。东寺是佛教真言宗的根本道场，现在也是京都数一数二的大寺院，以讲堂“立体曼荼罗”恢弘的佛像群而闻名，现存的金堂则是 1603 年所建。朝鲜使节一行出于礼节，在金堂的屋檐下面向明使行礼（《东寺王代记》）。可能就是在这时候，明使发现朝鲜使节团中有一位能讲汉语的人。按照魏天的自述，明使“以为江南人，夺归江南”（《老松堂日本行录》），这位讲汉语的朝鲜使节随员竟然是明朝人，于是，明使便把他要了回去，等到出使任务完成，一并带回明朝。这样，阔别家乡数十年的魏天，终于重新踏上了明朝的土地。

然而，魏天穿梭于日本、朝鲜与明朝间的经历还没有结束。潘赐、王进回国后，明永乐四年（1406），永乐帝又派俞士吉出使日本。永乐帝赏赐足利义满大量的回赐品，甚至还有两艘大船。

永乐帝之所以给日本赐船，是为了奖励日本朝贡，让日本使节下次可以直接乘坐明朝的贡船来中国。魏天也被永乐帝选中，成为使节团的一名翻译。根据魏天的自述，永乐帝安排这位精通中、日、朝三国语言的外语人才留在日本，为足利义满服务，为日本之后的朝贡使节充当翻译。就这样，才回到明朝不久的魏天，就又开始了日本的生活。但这一次，他已不再是地位卑微的奴隶，而是永乐帝赏赐给“日本国王”足利义满的外交人才。

魏天很快就得到了足利义满的信任。他定居京都，娶了妻，生了两个女儿，也积攒了不少钱财。在足利义满最后几年的对明朝、朝鲜外交中，魏天大概扮演了不可或缺的角色。应永十五年（1408）足利义满去世，魏天便继续为继任的室町殿足利义持工作。等到朝鲜使节宋希璟于应永二十七年（1420）抵日时，魏天已经是一位七旬高龄的老人。这次出使正处在朝鲜“己亥东征”，主动征讨对马岛之后的敏感时刻（见本书第十章），日本与朝鲜的外交关系十分重大。大概也是感到事关重大，虽年事已高，魏天仍再次出马，将宋希璟一行迎入自己在京都的家中，为朝鲜使节设宴，用流利的朝鲜语与宋希璟畅快交谈。和魏天一同接待朝鲜使节的，还有另一位曾为足利义满服务的明朝人陈外郎。正是因为魏天和陈外郎的四处奔走，多方斡旋，这次特殊时期的朝鲜使节“破冰之旅”取得了成功。

与魏天一道接待朝鲜使节的明朝人陈外郎，虽然不是外交人员，但也是足利义满时期活跃在京都上流社会中的名人。陈外郎出生于日本，是一名医师，人们称赞他是“医道拔群之人”（《吉田家日次记》）。按照室町时代陈外郎家族自己的说法，他们本是陈友谅的同族，祖上曾任“礼部员外郎”一职，因而来日后以“外郎”为通称。陈氏家族在陈友谅为朱元璋所灭后亡命日本。但在江户时代的《陈外郎家谱》中，陈氏又自称是元顺帝的臣僚，和陈友谅撇清了关系。按照《陈外郎家谱》，第一代陈外郎本名陈延祐，后来在九州博多崇福寺剃发出家，拜禅僧无方宗应为师，“宗敬”是他的法名。

家谱上第二代陈外郎名叫陈宗奇，“宗”这个字实际上是崇福寺所属的日本禅宗大德寺派的通字，因而“宗奇”也是法名。但在室町时代的史料中，第二代陈外郎的法名却是“宗寿”，时人觉得他是神医，称他“诊脉发药，人皆为神”（《幻云文集》）。大概对当时的日本人来说，明朝医师所具有的医学知识，领先了他们一大截吧。应永九年（1402）的时候，第二代陈外郎受邀给公卿吉田兼熙看病。应永十五年（1408）、十六年（1409），他又作为公卿山科教言的医师再度登场（《教言卿记》）。另外，陈外郎很得足利义满的信任，也曾加入遣明使团，踏上过明朝的土地。陈外郎去明朝的使命之一，就是奉足利义满之命，到明朝去采购珍稀的中药材，“持以归朝”（《荫凉轩日录》）。这样，拥有国际背景的医师陈外郎，可被视作还有另一重身份：药材商人。也许，陈外郎家族一开始就是作为药材商人渡日，医师只是他们的副业。之后，陈外郎家族代代为室町幕府服务，曾担任过遣明使节团中的居座（贸易实务官员），也曾奉幕府之命，赴萨摩筹措入明朝贡最重要的贡物——硫磺，为室町幕府立下了不小的功劳。

对足利义满来说，在明初期中日间僧侣自由往来的时期结束以后，这些出生于中国、能讲多国语言的跨境者是不可多得的人才。特别是在以绝海中津为代表的最后一代入元、入明僧纷纷故去后，熟悉中国国情，又能讲流利的汉语，还能忠心为室町幕府效命的人实在不多了。因而，魏天和陈外郎在足利义满的时代都发生了身份的转换，一位由被掳人成为翻译，一位则成为在异国名声大噪的神医。但二人又都有一个共同身份，即参与进室町幕府对朝鲜、明朝的外交中，成为兼职的外交官。

“百济王族”大内氏

这一章的最后一节，我们来看看足利义满外交团队中的另一类人：大名。

武家重臣们一样是广义上的外交团队的组成部分，特别是在当时，一些与朝鲜或明朝有联系，手上有贸易网络和海外资源的大名，对足利义满来说极为重要。比如说，本书多次提到的大内氏，就是这样的大名势力。

首先，我们来聊一聊大内氏的自我认识。大内氏这个家族由来已久，本姓多多良，出自平安时代本州岛最西端周防国的地方官僚阶层，在镰仓时代开始发迹，到战国时代第16代家主大内义隆没落之前，长期是日本西国地区一霸。但大内氏对自己的自我认识不限于此。按照朝鲜史料《海东诸国纪》以及《朝鲜王朝实录》里面大内氏的自称，他们本是朝鲜半岛古代的百济王族，在数百年前乘船漂流到日本，而后定居于此。具体来说，就是百济圣明王（？—554）的第三王子琳圣太子的后裔。因此，大内氏凭借这个自称，屡次和朝鲜王朝套近乎，要么说自己“于贵邦遥遥有瓜葛之系，义同一家”，要么说“先世系出我国（朝鲜），已有宿好”（《朝鲜成宗实录》），总之就是和朝鲜攀亲戚。甚至，前述的大内义弘，还曾以家世为借口，在陈述了自己剿灭倭寇之功后，向当时的朝鲜国王李芳果请赐土地。

应永二年（1395），室町幕府的九州方面军司令官、也就是九州探题今川了俊被免职调走以后，大内氏在室町幕府对朝鲜外交中的重要性越来越高。这里需要介绍的是，日本和朝鲜王朝的外交，和当时日本与明朝的外交有一点本质的区别。明朝设立的朝贡体制，推行的是“人臣无外交”原则，一个国家只能有一个通交的主体，那就是明朝正式认可的国王。因此，足利义满才需要获得“日本国王”这个称号，不能用“征夷将军”的身份与明朝通使。室町幕府麾下的各位大名,想要参与对明朝的朝贡贸易,就必须通过“日本国王”，也就是义满本人。但朝鲜王朝并没有这样的要求。朝鲜的统治者所迫切需要的，是能够解决威胁半岛南部的倭患，那么对朝鲜来说，与日本西国地区任何能够制服倭寇的势力通使都可以，甚至与室町殿通使，都远没有与西国大名通使那般实用。因此，室町时代日本实际上有各种各样前往朝鲜的使节，他们有的是大名使节，称作“王城大臣使”或“巨酋使”，有的则是室町殿使节,即“日本国王使”。大内氏的使节,在朝鲜眼中就是“巨酋使”。据须田牧子的统计，在足利义满、义持的时代（1368—1428），大内氏一共向朝鲜王朝派遣过 22 次外交使节,是所有大名中最多的,而该时期的“日本国王使”的派遣次数则是 17 次。

今川了俊调走以后，大内义弘立马就向朝鲜王朝派出了使节。当时朝鲜王朝也不过立国三年，一样处于百废待兴的状态。大内义弘给朝鲜送去了礼物，承诺剿灭倭寇。1398 年三月，朝鲜派朴淳之为回礼使，从釜山出发，与义弘的使节一同抵达日本。朴淳之使行的目的当然还是为了催促日本剿倭，清除掉这股流窜在日本与朝鲜之间的海上势力。于是，在大内义弘的积极运作下，朴淳之一行得以上京，在京都会见了室町幕府的领导者足利义满。双方密切磋商之后，义满承诺在剿灭倭寇的事情上出力，同时决定向朝鲜派遣官方使节，并请大内义弘派使节随同。当年十月，大内义弘果然率军亲赴九州，同与室町幕府敌对的菊池氏、少贰氏势力交战。须田牧子指出，虽然这一军事行动实际上和清剿倭寇没多大关系，但在朝鲜使节朴淳之看来，却是可以视同“镇压倭寇”的举动。朝鲜方面非常满意，认为“比年以来，对马等三岛顽民，召聚凶徒，侵扰我疆，虏掠人民，以阻邻好”，好在“大相国（足利义满）以义发兵”，才使得“边境人民，得以宁靖，使生民除害，而两国修好”（《朝鲜定宗实录》。足利义满的使节抵达以后，朝鲜方面对其热烈欢迎，然后又派出新一轮使节团赴日，双方的交邻关系得到了进一步的巩固。

可以看到，足利义满之所以能够和朝鲜王朝建立起交邻关系，大内义弘在其中的穿针引线功不可没。正是因为大内义弘的积极争取，才给双方赢得了宝贵的外交机会。大内氏之所以如此卖力，自然是因为看重与朝鲜半岛的贸易之利。此后，大内氏以送还被掳人、请赐佛教《大藏经》等为由，不断向朝鲜遣使。研究中日关系史的学者赵莹波将这种交往形态称为“大藏经外交”。室町幕府对此并不制止，相反，即便大内义弘后来不幸败死，大内氏仍然被室町殿用作与朝鲜通交的中介，朝鲜使节的迎接、护送、报告,也多有大内氏参与。朝鲜方面也对“大内殿”的来使颇为欢迎，将其算作半个自己人。不仅如此，大内氏后来还参与到室町幕府的遣明船贸易当中，特别是在15世纪下半叶，“大内船”在东亚海域十分活跃，也让大内氏赚得盆满钵满，成为西国大名中首屈一指的富户。大内氏属地范围内的城市山口,甚至一度有“小京都”

的美誉。

本章关注了足利义满“外交团队”中形形色色的成员，其中既有起草外交文书、担任外交使节的五山禅僧，又有动用自己的政治资源为外交事务积极奔走的西国大名，还有担任翻译的被掳人，以及在遣明船运营中实际操持贸易业务的商人们。他们出身不同，类型各异，但都有着独特的海外背景和国际资源。因此，他们能够加入足利义满这位外交上的实用主义者的团队，为室町幕府的外交破局立下功劳。之后，获得明朝册封的足利义满，也第一次使用“永乐”年号,以“日本国王源道义”自署,开始与“朝鲜国王”（李芳远）通信。室町幕府正式加入了朝贡体制。

第八章　朝贡体制之下

朝贡体制是什么

朝贡体制到底是什么呢？这个本书已经提及多次的词，直到这一章，我们终于可以对它做一个介绍。在欧美学术界，第一个对朝贡秩序进行剖析、分析朝贡制度的结构的，是著名汉学家费正清。在费正清的眼中，朝贡制度是一种区别于近代条约体系，与欧洲的主权国家体系不同的中国式世界秩序。这种世界秩序是国内等级秩序和政治秩序的延伸，换言之，朝贡秩序下的外交，实际上是内政的外延。加入朝贡体制，即加入以天子为中心的天下秩序，纳入以皇帝为首的君臣关系之中。普天之下莫非王土，率土之滨莫非王臣，就是对这种世界秩序的最好描述。

但是，朝贡体制背后又有着深厚的商业基础。对大多数周边国家来说，向天子称臣，遣使朝贡，首要目的是经济利益。因此，很多东南亚朝贡使实际上由海商担任，甚至还有一名海商身兼多国使节的情况。中原王朝需要从“四夷”的朝贡中获取政治利益，而周边国家则需要从朝贡中获取经济利益。这样，周边国家与中原王朝在朝贡体制中实现了利益的交换。进而，西嶋定生又在《中国古代国家与东亚世界》一书中，将这一秩序称作“册封体制”，他认为东亚世界的政治逻辑，就是中原王朝的国家权力与周边民族形成直接或间接支配、制约的关系。

册封体制也好，朝贡体制也罢，都是描述东亚世界长久以来的运行模式的概念，不局限于某个具体的朝代。但这个体制到了明代，有了很大的改变。以往的朝贡体制，并不伴随着海禁这项制度。但由于 14 世纪东亚海域秩序动荡不安，明太祖厉行海禁、强化海防，将海禁政策打造成国策以后，曾经盛行于东亚海域的民间贸易成为朝廷禁止的对象。海禁与朝贡制度结合到了一起，结果就是只有朝贡贸易才是合法的国际贸易。这样一来，想要与明朝继续做生意，就必须加入朝贡体制，向明朝的皇帝称臣，接受明朝的册封。因此，朝贡体制在明代达到了顶峰，实现了最大化。

明朝为朝贡秩序订立了非常繁琐的礼仪规范。蕃王（外国的王）如何朝贡，如何迎接明朝的使节，如何向明朝皇帝朝拜，都有章可循。据明史学者檀上宽的研究，被册封的蕃王，作为明朝国内封爵等级秩序的延伸，也被纳入到一套等级秩序之中。按照洪武末年改定的规则，亲王为正一品，郡王、公、侯、伯与蕃王属于从一品等级。但朱元璋撤废宰相后，明朝官员中最上级者为正二品的六部尚书，因而在官僚制度中，蕃王按正二品对待。譬如琉球中山王被册封时，就是“视二品秩”（《明史》）。这一套等级秩序，会按照明朝赐予的印章、冠服明确区分出来。

比方说，明朝赐予蕃王的最高等级的服饰，是九章冕服，衮冕为王之吉服。所谓九章冕服，就是九旒冕冠、九章衮服，实际上是明朝亲王、太子的衮冕。这里说的“章”是特定的纹饰，皇帝为十二章；亲王上衣绘火、山、龙、华虫、宗彝五章花纹，下裳绣藻、粉米、黼、黻四章花纹；低于亲王的郡王，则穿着七旒、五章，在服饰规制上比亲王明显低一个等级。在明朝的历史上，获赐九章冕服的蕃国只有朝鲜王朝和日本。朝鲜国王李芳远先一步在永乐元年（1403）获赐九章冕服，“日本国王”足利义满则于永乐三年（1405）获赐。这意味着李芳远和足利义满，在明朝的封爵秩序中获得特别优待，相当于亲王等级，高于赐皮弁冠服、居郡王等级的琉球、安南、占城、满剌加等国。并且，这一套秩序也体现在明朝授予的印章上，朝鲜和日本获赐的是最高级的龟钮金印，琉球国王和安南国王获赐的则是驼钮镀金银印，这些都是肉眼可见的等级差异。

因此，可能和很多读者设想的不太一样，日本在明朝的朝贡体制中占据着很高的地位，起码与朝鲜王朝同等。这个在“蒙古袭来”时还拒不与大元通使的“不臣之国”，在洪武时期仍被挡在明朝的大门之外，但到了永乐朝，却一跃成为明朝最亲近的蕃国之一，这时的明日关系，的确可以视为处于蜜月期。

但需要大家注意的是，明朝设立了这样一套国际秩序，被册封国是否遵守，完全是另一个层面上的问题。足利义满与李芳远通信时，以“日本国王”致信“朝鲜国王”，基本上按照了对等的原则，朝鲜国王与日本通信时亦然。可以说，明朝设立的这套秩序在东亚的国际关系中具有相当程度的有效性。但当两国统治者各自把头一转，面向国内的臣民的时候，却又毫不掩饰自己对对方的蔑视。朝鲜王朝在每年望阙礼之后举行的朝贺礼、会礼宴活动中，日本通交者和琉球使节等也会同列其间，被朝鲜国王视作朝贡者，在这里，朝鲜王朝想要表演的是自己作为“小中华”的优越性；反之，当朝鲜使节来到日本时，日本一样会在接待礼仪上使绊子，让朝鲜使节看起来比自己低一个等级。朝贡体制下的礼仪秩序是一套可以复制的秩序，朝鲜也好，日本也好，都可以有样学样，让己方在外交礼仪中表现得更为优越，更居于上位。并且，日本室町幕府在足利义满去世后表现得更为直接，之后的义持、义教在对朝鲜王朝的通信中，甚至连明朝册封的“日本国王”称号都懒得使用了。关于这一点，我们到本书末尾的地方再说。

但是朝贡体制之下的日本，还有一个重大的问题。被册封为“日本国王”的室町殿足利义满，说是日本“统治者”并不假，却并不是日本的君主。足利义满即便权倾朝野，但在他的头上，还有一个需要扶持、辅佐的对象：天皇。日本的天皇在朝贡体制下是什么角色呢?

天皇的角色

简单来说，天皇既不在，又在朝贡体制之中。

说他不在，是因为整个与明朝的外交活动中，天皇及皇室相关成员几乎全部被排除在外。参加册封仪式的人员中会有公卿贵族，有僧侣，但不会有亲王（皇子）、内亲王（皇女），以及出家的法亲王，天皇本人更不会到场。足利义满似乎有意识地划出了一条界限，不让皇室贵胄们了解他和明朝的交往。明朝册封时，也完全无视了义满之上天皇的存在。

但说他在，是因为在足利义满的意识中，天皇显然占据了极为重要的地位。他在接受册封时考虑到了天皇的位置，在这方面小心翼翼，顾虑重重。最后呈现的结果是，由于足利义满对明朝皇帝称臣，做永乐帝臣下的是义满自己，而非天皇。这样一来，足利义满既是天皇的臣子，又是永乐皇帝的蕃王。在义满自己看来，虽然看起来册封使得日本的地位比明朝低了一截，但天皇的地位并没有降低，反而通过义满的中介，成为与永乐皇帝对等的存在。而接受明朝册封的足利义满则和朝鲜国王处于对等地位。换句话说，如果朝鲜国王和足利义满对等，就意味着他比日本天皇矮一截。

前文提到，虽然足利义满一度和后圆融上皇关系紧张，但这并不代表足利义满是天皇制度的否定者。在后小松天皇即位以后，足利义满进入了权势的鼎盛期，但他从来没有试图要颠覆、否定以天皇为顶点的国家秩序。

对足利义满而言，幕府一开始就是南北朝动乱中诞生的“北朝军”，也就是说，室町幕府的合法性来源于北朝天皇。将军和天皇的关系越紧密，足利氏在武家社会（幕府）中的地位就越牢固，越具有超越性。在中世日本的国家结构当中，大多数天皇本来就不掌握国家权力，而是作为最高权威的持有者君临。天皇是官僚制度的顶峰，是身份秩序的顶点。君主通常掌握的国家大权被分割，“治天”的上皇们成为了天皇的“监护”者，摄关家则是“摄政”“关白”的执政官，武家“守护”天皇，寺社“护持”天皇。到了足利义满的时代，义满几乎取代了上皇的位置，掌握统治大权，但并不能取代天皇的位置。因而从身份体系来讲，即便约等于上皇，是真正的“治天者”，即天下的统治者，但义满原则上依然是天皇的臣下。这就是日本中世国家特殊的权力构造，和中央集权的明王朝很不一样。

因此，或许在足利义满的设想中，加入朝贡体制以后，即便自己对明朝皇帝表示出恭敬的姿态，也并不会有损后小松天皇的地位。并且，义满在这一问题上十分谨慎小心，被建文帝和永乐帝册封的“日本国王”称号，除了外交场合，义满从来没有在日本国内使用过，义满之后的历代室町殿亦是如此。因此的确可以说，足利义满在对内和对外保持着两幅脸孔，在对外时，自己就是朝贡体制下的“日本国王”，是明朝皇帝之下的蕃王；在对内时，自己则是后小松天皇的臣下。这两幅脸孔的使用有着清晰的界限，能够并行不悖，互不冲突。义满对这两幅脸孔都不抵触，都很配合，在两边的表演都称得上出色。在东亚国际社会里面，就按照通行的国际规则行事；在国内的政治舞台上，就按照国内既有的逻辑运行。这就比义满后来那些扭扭捏捏的继任者，比如义持、义教们，要强得多。

正因为这两副脸孔的切割，室町时代的日本社会，实际上对册封，或者朝贡体制的认知度非常低。哪怕永乐帝的使节大张旗鼓地通过京都的街道，人们也只是来看热闹而已。义满将国际规则的适用范围，限定在极少数了解国际规则的人当中。在当时的人们留下的史料中，几乎很难看到类似“册封”的字眼。明朝被称作“异朝”(《吉田家日次记》),建文帝的使节被叫作“唐僧”(《宋朝僧捧返牒记》)，永乐帝的使节则叫作“唐僧并官人等”(《东寺文书》)、“异国官人”(《南都真言院传法灌顶记》)、“汉客”(《兼宣卿记》）乃至“唐人”“宋人”。也许对朝贡体制的规则有所了解的，只有极少数参与外交活动的僧侣、重臣而已。大多数人没有机会，大概也缺乏了解的兴趣。稍微有些不一样的是那些五山禅僧，因为身兼“外交机关”之职，且对东亚国际社会的情况多少有些知识储备，他们中有的人能够把握到封贡关系的实质，也知道足利义满被册封为“日本国王”。比如说，京都东福寺的禅僧岐阳方秀，就明确地把义满、义持称作“日本国王”(《为细河右京大夫常欢居士求悦严字说状》)。如果说足利义满对两套规则做了切割的话，那大概只有这些五山禅僧，是可以跨越两套规则，熟悉国内国际两套运作原理的群体。

很多人都把朝贡体制下的日本与明朝，说成是“若即若离”的关系。足利义满在这种“若即若离”的关系中保持着一种微妙的平衡，在最大限度地降低政治风险的前提下，义满当然也要从朝贡体制中谋取最大的利益。由于与明朝关系的蜜月期的来临，足利义满不断向明朝派遣船只，几乎年年去朝贡，将朝贡贸易的利润最大化。于是，室町幕府总算是摆脱了捉襟见肘的财政局面，幕府的腰包迎来了一个空前的富裕时期。很多学者将其称之为“遣明船泡沫经济”。无论这个词的含义正面与否，室町幕府财政上最硬气的时代到来了。

勘合贸易

在讲室町幕府这时的财政状况之前，我们先要对日本与明朝的朝贡贸易有一些基本的了解。这时期的贸易形态叫作“勘合贸易”。

所谓勘合，实际上是明朝颁发的一种贸易凭证。明朝于1383年设立了勘合制度，赐暹罗、占城、真腊等国，以明确使节身份，规定贡道、贡期。只有持有明朝颁发的勘合的使节，才是正式的、合法的朝贡使节。那么，勘合是个什么东西呢？古时以竹木作符契，上盖印信，分为两半，当时双方各执一半，用时二符契一对，就可以验知真假。日本与明朝贸易的勘合大致就是这样一个东西。在册封完成后，明朝向室町幕府执政者颁赐勘合。一般来说，每代皇帝颁赐勘合百枚，其中，日本前往明朝的船只，须持“本”字1号至100号勘合；明朝到日本的船只，则需要持“日”字1号至100号勘合。根据桥本雄的复原，勘合是一张大约长81厘米、宽108厘米左右的纸，最左侧写有明朝的年号，并盖有礼部大印，中间则留出空白，用来抄写日本方面贡品的清单。遣明船到达浙江以后，就把“本”字勘合拿出来，请明朝官员查证，若查证为真，且符合贡期，手续齐全，就准许放行。北京的礼部和浙江布政使司持有勘合底本，可与日本使节所持的勘合对照验证。

原则上讲，每一代皇帝都会颁发新的勘合，旧的勘合过期不用。因此有永乐勘合、宣德勘合、景泰勘合、成化勘合、正德勘合等的区别。但15世纪末，室町幕府将军权力分裂，勘合向外流失，有时存在多种勘合被不同遣明使派遣主体使用的情况，各种乱七八糟的过期勘合满天飞。因为与本书主题无关，这里暂且不表。

拿到勘合，带上盖有“日本国王”大印的表文，就可以去明朝朝贡了。可能有的读者觉得，朝贡无非就是送礼和回礼，不过是外交上的礼尚往来罢了，看不出有什么经济上的诱惑力。但是，朝贡实际上附带了一整套的贸易流程。以中日勘合贸易为例，整个贸易过程可分为朝贡贸易、公贸易、私贸易三个部分。其中，朝贡贸易指朝贡与回赐，也就是“贡赐”，这是朝贡的最核心的环节，明朝“厚往薄来”，会赏赐丰厚的物品，特别是直接赏赐铜钱；公贸易则指遣明船抵达后对明朝的官方贸易，由明朝方面采买日本这边运来的大量特产，比如刀剑、漆器、折扇、屏风、铠甲之类，这些特产会在这个环节卖出个好价钱；私贸易指遣明船与获得许可的明朝商人在宁波安远驿、北京会同馆这种使节接待使节内的贸易。由于明朝热情好客，怀柔远人，绝不会让远道而来的使节空着手回去，稳定的朝贡贸易可以给朝贡国带来大量的利润，并获得远超其贡物价值的赏赐。比方说，一把常见的日本刀，在日本国内就值个800—1000文，到了明朝就给价5000文，简直就是暴利。据木宫泰彦《日中文化交流史》的统计，日本出口到明朝的刀剑越来越多，竟然一次可以达到3.7万把，整个勘合贸易期间日本大概出口20万把日本刀给明朝。不过，刀剑输入得越来越多，质量却越来越差。这让明朝方面也颇有微词。

因此，勘合贸易实在是一本万利的买卖。勘合是下发给“日本国王”，也就是室町殿的，室町殿对于如何使用手上的勘合，可以想见，会有两种基本模式。当时，遣明船的运营一般采取合股经营的模式，即便是幕府官派，里面也会吸纳大寺社、大名们参与，比如说1434年派出的一次成本1500贯（1贯为1000文）的遣明船，背后有十三家大股东做经营者。此外，还有为数众多虽然不参与运营、够不上股东的级别，但付了船票费用搭乘遣明船到明朝去做生意的商人，也就是客商。如果室町幕府自己参与运营，就意味着室町殿自己也是股东之一。这时候，这种船只就叫作“公方船”。船只回国后，商人们除了卖出商品，或将商品一个个地交到订购方手上之外，还须向遣明船的运营主体，也就是各位幕后股东缴纳利益分成，这叫作“抽分钱”。“抽分钱”的额度，大约是从遣明船输入商品的销售总额的十分之一。于是，从“公方船”中获取的抽分钱，成为室町殿的保底收入。

室町幕府自己运营“公方船”，是勘合贸易前期，这应该也是义满时期最基本的经营模式。但实际上当时还有另外一种更简洁的模式。室町殿拿到勘合以后，可以以1枚300—400贯的价钱卖出去，让那些寺社、大名们自己去经营，这叫作“勘合礼钱”。这样一来，幕府丝毫不需要为准备贡船的事情发愁，就可以通过转卖勘合谋利。方便简洁，不费力气。

那么，遣明船带来的利润究竟可以达到何种程度呢？根据《大乘院寺社杂事记》的记载，当时三艘遣明船带回商品的价值达到数万贯，而之前船只出港时，每艘船装载的出口商品价值仅 1 万贯，这就意味着，这么一来一回，较出港时利润达到了三至四倍，三艘船的话，就有“数万贯”收入。当时，中国丝绸在日本的售卖价格可达到四倍，很多商品只不过是换了个地方，价格一下子就翻了翻。根据桥本雄做的推测，一艘遣明船获得的贸易利润，减去成本、运费，再减去向股东支付的抽分钱等费用，最终的纯利润大约可以达到成本的两倍半。这个数字可以说是相当诱人了。加上遣明船的航程也比较成熟，安全性高，于是吸引了各种各样的人群乐此不疲地参与其中。不管对册封感不感兴趣，室町社会实在无法抵挡勘合贸易的巨大诱惑。

于是，勘合贸易确立之初，对贸易利润有着极大渴求的足利义满时期几乎每年都派出遣明船。但到了明宣宗朱瞻基时期（1425—1435）以后，特别是“土木之变”后，明朝的财政状况也走向收缩，没法再支撑起“厚往薄来”的局面了。这样，一方面，郑和下西洋的壮举中止了；另一方面，明朝也决定对日本的朝贡频率做出限制，此后规定日本十年一贡、一次三船、每船 300 人，换句话说，就是别来得太频繁、每次来的船只和人别太多，要不然招架不住。遣明船带来的巨大财政泡沫，这才算是踩了刹车。

永乐通宝

笔者在《神风与铜钱：海岛日本遭遇世界帝国 1268—1368》中提及，日本历史上曾经有一个很长的使用“渡来钱”的时代，即中国铜钱的时代。在中世的日本，无论朝廷还是幕府，都不会主动铸造铜钱、发行货币，早期多使用稻米、布匹这样的实物货币，在宋朝铜钱大量输入后则开始使用宋钱。14—15 世纪日本各地的私铸钱（也就是“假币”）工坊虽已越发活跃，但中国铜钱的影响力仍然不减。足利义满急于恢复与明朝的贸易，最重要的目的之一，就是想获得明朝的铜钱。

有明一代，铸造铜钱的数量虽说不算少，但和铸钱高峰期的宋代还是无法相提并论。不过，与禁止铜钱外流的宋朝不同，明朝铸造的铜钱不少赏赐外蕃了。甚至有很多学者认为，明朝在永乐、宣德年间的铸钱，并非为了国内流通使用，而是贮入内府库，专门用于赏赐或对外采买。其中赏赐最多的对象，大概就是日本。

比如，明永乐三年（1405）赐给日本国王的物品有铜钱 150 万枚，第二年又赐 1500 万枚、王妃 500 万枚，三年后又给 15000 贯（即 1500 万枚）。日本使节来时，往往直接索要铜钱，乃至“借端勒索”“公行请乞”（《续文献通考》）。明景泰四年（1453）东洋允澎作为遣明使入明时，日本遣明使交付了贡物之后，嫌明朝给的比宣德时少，又上奏讨要。当时明朝已经给了不少银钞绢布及

5万贯钱了，但在日本使节的一再要求之下，明朝只能又多给了铜钱1万贯。然而，东洋允澎竟然还嫌不够，于是明朝又赐了绢布。虽说按字面意思，“贡赐”总得诚心诚意，但实际上也免不了讨价还价。当然，向明朝索要铜钱的，不止日本一家。

就这样，明朝大量的新铸铜钱流入日本。“永乐通宝”这个后来被战国时代的风云人物织田信长绘制在旗帜上的钱币，就是这样进入日本列岛的。不过，那时候日本很多流通的“永乐通宝”倒未必全都来自明朝的赏赐，而是多来自日本的私铸工坊。但不管怎么说，正是因为足利义满开启了遣明船贸易，才使得“永乐通宝”在日本盛行。

那么，到底有多少明朝的铜钱通过勘合贸易输入日本呢？昔日元日贸易的时代，沉没在韩国西南海域的“新安沉船”上发现了800万枚，也就是8000贯铜钱，震惊了东亚三国的历史学界。这是一艘贸易船舶所载的铜钱数量。但在室町时代关于遣明船的史料中，有些数字更加高得惊人。比如说，应永十五年（1408）遣明船归国的时候，史料记载“二十万贯到之”（《教言卿记》）。又比如足利义教时代的一次遣明船（1433），带回的铜钱据说有“鹅眼三十万贯”（《看闻日记》）。文明年间（1484）日本使节入明，主动向明朝提出“愿得一拾万贯”（《善邻国宝记》）。这些数字实在令人瞠目结舌。即便有些过于夸张的数字未必可信，但据川户贵史的保守估计，应永（足利义满）、永享（足利义教）期间（15

世纪 40 年代前）至少从明朝进口了 20 万贯以上铜钱。当然，实际上的数额可能远远不止。

前文提到，室町幕府在 14 世纪 90 年代的时候财政状况好转了不少，大致摆脱了南北朝内乱期间捉襟见肘的窘迫局面。这是因为足利义满在树立统一政权的进程中，除了传统的由守护缴纳的"守护出钱"外，还发掘了一些新的税源，采取了新的税收政策。其中一项极为重要的税源，是明德四年（1393）开始征收的"土仓酒屋[1]役"。这项财源的实质，是室町幕府每年向京都的金融业者征收定额税款 6000 贯。不过，这个数字和遣明船获得的贸易收入比起来，就有些小巫见大巫了。财政史学者早岛大祐指出，在勘合贸易开启后，遣明船的贸易收入已经成为了足利义满财政收入的支柱。正是因为有勘合贸易，义满时期才成为室町幕府最富裕的时期，迎来了巨大的财政泡沫时代。

因此，也就难怪遣明使节们每次到明朝，就直接开口要钱了。比如说刚才提到 1484 年的遣明使一次向明朝索要铜钱 10 万贯，当时日本使团给的理由是"弊邑久承焚荡之余，铜钱扫地而尽。官库空虚，何以利民"（《善邻国宝记》）。这时日本刚经历了惨绝人寰的"应仁之乱"，幕府权力下坠，极为困窘，这就是跑到明朝来哭穷来了。好在成化皇帝没有批准。如果顺势批准，给了钱，

1　土仓、酒屋即京都的金融业从业者。

这就仿佛是明朝给予蕃国的一次财政援助，甚至可以理解为是一次朝贡体制内的 ODA（政府开发援助）。

足利义满在执政后期仍在不断扩建北山第的建筑群，举办各式各样的大型活动，多亏了勘合贸易带来的财政收入。关于北山第项目的总投资，据《卧云日件录拔尤》记载："略考其费，则二十八万贯也,然则至于毕功,则殆乎百万贯乎？"这么大的投入，没有遣明船的收入是万万办不成的。甚至可以夸张点说，足利义满晚年在国内持续大搞建设，创造财大气粗的北山文化，背后离不开"金主"永乐帝的支持。

大家可千万别以为遣明船带来的这么一大笔钱，只是为了满足上层公武贵族们的奢侈生活，让他们过花天酒地的日子。经济和政治永远是密不可分的，足利义满用这一大笔稳定的财政收入打造的庞大工程，都可以为他政治权威的提升服务。比如义满动身搬到北山第居住时，曾动员全部"在京大名小名"随从，队列浩浩荡荡，公家武家云集、门庭若市（《足利治乱记》）。足利义满的雄厚政治经济实力，通过这些大型工程和大型仪式活动显现得淋漓尽致。

应永十五年（1408）三月，后小松天皇受邀访问北山第，足利义满为后小松天皇举办了为期三周的盛大宴饮、舞乐活动，并在北山第的会所内陈设了大量的中国进口"唐物"，当场向天皇进献了"重宝以下且又鹅眼三千贯"，即各种珍奇异宝和 3000 贯铜钱（《教言卿记》）。这时的室町幕府沐浴在勘合贸易的春风之下，迎来了财政状况最为充裕的黄金时期，可以向天皇和到场的公卿贵族大肆夸饰、炫耀其财力。可以说，足利义满所代表的这个室町政权政治、经济和文化上的黄金时代，是由遣明船直接造就的，甚至可以说是明朝支援的。加入朝贡体制，是足利义满一生中做过的最为成功的买卖。

将军的收藏

后小松天皇在应永十五年（1408）三月应邀访问北山殿，在足利义满的这座华丽宅邸停留了整整三个星期。这三个星期里，义满在北山殿准备了各式各样的娱乐活动，比如连日的宴会、和歌会、舞乐表演、蹴鞠等，极尽风雅。这是足利义满个人权力顶峰的彰显，也是义满缔造的“北山文化”的展演。这一刻的北山殿，仿佛路易十四的凡尔赛宫，象征着它的拥有者至高无上的权力与文化品位。

而且，就像凡尔赛宫一样，足利义满的这座宫殿内也陈设着各式各样的艺术作品，当后小松天皇拜访时，这里就像一座宏大的美术馆一般，直截了当地把将军家的艺术收藏呈现出来。时至今日，仍然有许多日本收藏的艺术作品上盖有“天山”“道有”字样的义满印章，这些都是足利义满曾经的收藏。其中有南宋画僧牧溪的《观音猿鹤图》《潇湘八景图》,有宋徽宗所作的《桃鸠图》,以及南宋画院画家梁楷的《六祖截竹图》。这些作品现在仍然是日本藏中国艺术品的代表作。并且，义满以后历代将军收藏的大量以中国书画作品为代表的“唐物”，后来被总括为“东山御物”，成为日本藏中国美术品的最高峰。

艺术史家岛尾新指出，义满及其后的室町殿们收藏的艺术品中，除了很多像牧溪作品这样与当时的五山禅林关系密切，大概受到身边禅僧影响的“禅画”之外，还有诸如马远、夏珪、梁楷、马麟这样的南宋画院画家的作品。当这些皇帝御用画家的作品被展示在足利义满的宫殿中时，来访者也许能够从中感受到中国皇帝的雍容华贵。或许，得到中国皇帝支持的“日本国王”的荣华也借此呈现出来。即便是后小松天皇，大概也会为眼前琳琅满目的艺术品倾倒吧。

从室町殿到相国寺，再到北山第的七重大塔和金阁，以及包括延历寺、兴福寺、熊野、日吉大社在内的各种大规模的重建和修缮工程,足利义满给日本文化留下的是一个“金光灿灿”的时代。我们应该如何来理解这样一个大搞建设的时代呢？可以想见，每次开启一个新的大工程，就需要大量的工匠。比如铸造佛像的铸物师、铜匠、贴金箔的匠人、木工，在漫长的南北朝动乱中，民生凋敝，工匠们也鲜有工作机会，只有等到百废待兴的义满时代，他们才终于获得了出人头地的机会，可以在各种大型节庆活动、宫廷仪式与大规模营建工程中一展才华。可以说，足利义满是在创造就业机会。因此，足利义满的庞大工程和艺术品收藏，不仅仅是象征意义上“重建日本”，也是在现实意义上从战乱的废墟上重建京都和日本社会。这个大建设的时代，对转型期的日本中世社会有着重大的意义。

本章的最后，我们用足利义满故去百年后追荐佛事“鹿苑院百年忌”上禅僧景徐周麟[1]对义满的“盖棺定论”作结。里面在回顾了足利义满的一生之后，提到了义满“进贡于大明”，然后“大明老皇帝(永乐帝)封以王者之号,所颁赐之奇珍异宝,及锦绣绫罗，载舶而积委矣”。这是对义满被册封为“日本国王”的描述。景徐周麟进而说道，“吾公（义满）屡遣使奉土宜，禁海岛之贼，以除边忧”，这说的是义满打击倭寇，获永乐帝“回书称其贤达”(《翰林葫芦集》)。可以说，这是一名五山禅僧对足利义满加入朝贡体制所做出的比较准确的概括。类似地，明朝也给予足利义满很高的评价，说他“慈惠恭和，聪明特达”，不仅在朝贡方面“忠敬之心愈隆”，还“殄寇盗于海岛，安黎庶于边隅，并海之地，鸡犬得宁，烽警不作”(《善邻国宝记》)。虽然即便在义满的时代，倭寇也从未从东亚海域消失，但仍可以说，义满的时代迎来了南北朝

1　室町时代后期禅僧，曾被任命为遣明使，但辞退不就。

动乱结束后的“室町的和平”，而东亚海域倭寇肆虐的时代也暂时告一段落，迎来了一个相对稳定的时期。

日本应永十五年（1408）五月六日，也就是明永乐六年、朝鲜太宗八年，感染时疫的“日本国王”足利义满与世长辞，享年51岁（实岁满49岁）。在将军的位置上已经坐了十几年的足利义持，终于盼来了执掌天下政事的机会。一个时代就此落幕。

第九章　时代交替

义满的葬礼

足利义满去世后的第二天一早，他的遗体被从北山殿转移到等持院，五月十日举行了荼毗，也就是火葬。等持院就是本书开头提到的历代足利将军庙所在地。同一天还举行了盛大的葬礼。公卿、殿上人、义满的妻妾、管领以下幕府重臣们到场参加。来自五山禅宗寺院的高僧及真如寺、等持寺、临川寺、宝幢寺、景德寺等京都大小禅寺的禅僧 3000 人诵经，此外还有其他伴僧、比丘尼、念佛众，场面极其宏大。这大概是中世以来日本规模最大的葬礼了。当时，五山禅宗是相当于足利家家庙一般的存在，负责室町殿的丧葬仪式也是惯例。义满的子嗣足利义持和足利义嗣坐在棺前。到六月二十五日中阴佛事前，幕府为义满举行了四十九日盛大的佛事。

虽说足利义持老早就接班做了将军，但继承人的选任并非没有推倒重来的可能。实际上，足利义满的突然去世，让幕府的权力交接一度出现了一些动荡。义满除了义持这位继承人外还有好几个孩子，其中，比义持小八岁的足利义嗣，尤其得到晚年义满的特别宠爱。和许多中国的父母一样，义满更偏爱这位聪慧的小儿子。足利义嗣与自己的父亲一样，在文艺方面颇有才能，笙吹得很漂亮，在公家贵族社会里面出尽了风头。与之相比，义持作为一名贵族的素养要差很多，对宫廷仪式不热心，也不善于表演，令义满感到不太满意。如果用中国三国时代的人物来作比的话，大概义满相当于曹操,义持和义嗣就是曹丕和曹植。当时有传言说，义嗣才是义满选定的真正继承人。

然而，足利义满的突然病逝，让这个猜测中止了。六月七日，足利义持从室町殿移居北山第，足利义嗣则搬去与其生母同住。大约十年后,义嗣因“谋反”嫌疑被害。足利义持正式接管了“北山殿”义满的政治遗产，成为真正的继任者。此前，足利义持接受重臣斯波义将的建议,辞去了朝廷授予义满的尊号“太上天皇”。这时，政治嗅觉敏感的人大概已经能够感到，新的统治者义持，和他的父亲将会不太一样。相比足利义满时常超脱现有秩序的大胆举动，义持将会变得更加严肃而保守。室町政权的风向也会随之变化。

在足利义持看来，自己的父亲是一个超越中世社会的常理的人，而他自己，则是常理的维护者。因此，他需要将室町政权拉回被父亲“带偏了”的正确轨道上来。比方说，足利义持崇尚节俭，在位期间提倡“仁政”“德政”，三番五次发布德政命令，反对劳民伤财、铺张浪费。在他的眼中，不断上马一个又一个大型工程，一个接一个搞大型仪式活动的足利义满就是消耗民力、奢侈浪费的代表。义满时代连续不断的大型工程，到这里戛然而止。义满的宏大构想被尘封了起来。室町幕府迎来了一位守成之主。

如果说足利义满是一个近乎于“法皇”的人物的话，足利义持在权力方面主动划出界限，小心翼翼地退回到义满北山殿时代之前的状态。应永十九年（1412）称光天皇即位，四年前称光尚为东宫太子，举行元服成年礼时，义持曾作为东宫傅，为其加冠。后小松天皇的退位仪式上，义持与称光天皇同车而行。义持把自己当成天皇忠实的辅佐者。对退位的后小松上皇，义持也毫不冷落，而是就任院执事，对上皇的事务颇为热心，哪怕后来出家、辞去了将军的职位，也坚持为后小松上皇做事，二人的关系非常不错。研究公武关系的学者石原比伊吕指出，足利义持是“王家”（天皇家）的执事，但与时常站在公家社会的前台、一直光芒万丈的足利义满不同，义持更愿意藏在幕后，耐心地给予朝廷必要的支援，维护着天皇家的权威。由于当时南朝天皇的后裔仍然在提出继承皇位的要求，足利义持之所以维护天皇家的权威，悉心履行自己作为王家“执事”的使命，实际上就是对南朝后裔的否定。而否定南朝后裔的合法性，就是不让事态倒退回“两统迭立”乃至南北朝分立的动乱状态。

在自己的居所方面，义持的举动显现出了更多的“时代更替”的特征。足利义持甚至不愿意住在自己父亲耗费巨资一手打造的北山第内。亲政的第二年，足利义持就搬离北山第，回到京都内部的三条坊门第居住。这是昔日二代将军足利义诠的居所。不仅是北山第，足利义持连义满打造的首个将军宅邸“花之御所”室町殿都不愿意住。但是，义持的称号没变，仍是“室町殿”。

于是，北山第这片宏伟的建筑群，在义持时期被陆陆续续拆除，为了节约资源，堂舍和建筑构件被搬到三条坊门第及各个寺院中重组。原本居住在北山第周边的各位幕府重臣、贵族，也只能陆续把家搬回京都市区，搬到三条坊门第的附近。北山第内用来举行大型显密佛事的会场“八讲堂”，最早本来在等持寺，后被义满搬到相国寺，然后又搬入北山第内，这一次，也不免再次搬迁，整体移回京都等持寺。应永二十三年（1416），当初象征足利义满个人权威的北山第七重大塔被雷击中，不幸烧毁。义持不愿在原址重建，于是，新的七重塔被指定在了相国寺。木结构建筑搬来搬去比较容易，建筑屡次搬迁的过程，显示出权力的转移。这下子，雄伟壮丽的北山第建筑群回到了一开始孤零零的状态，成为了一座被新统治者冷落的“冷宫”。北山殿义满的时代结束，北山新城的荣光也就此落幕。

驱逐明使

很快，室町政权与明朝的关系也迎来了转折。应永十八年（1411）九月九日，永乐帝的使节王进被挡在了兵库。王进被足利义持禁止入京，只得返回明朝。这是足利义持第一次驱逐明使。绝贡、断交，足利义持的外交政策 180 度掉头。这时距离足利义满去世仅仅三年时间，中日关系又一次陡然紧张起来。

实际上，足利义持的外交政策，一开始与义满相比没有多大变化。足利义满去世以后，室町幕府很快就派出了新一批遣明使赴明，向永乐帝报丧。永乐帝“深恸悼”，还劝义持“节哀顺变，勉力丧事，以副国人之望”（《善邻国宝记》）。永乐帝册封义持为新的“日本国王”，并派出使节周全到日本，与义持在北山第会面。这一时期，幕府老臣斯波义将尚在。接着，足利义持以坚中圭密为谢恩使赴明。截止这个时间点，看起来足利义持都还在延续义满时候的政策，永乐帝也颇为满意。应永十八年（1411）坚中圭密回国复命，永乐帝以内官王进为使同行赴日。永乐帝还对室町幕府压制倭寇表示赞赏，给足利义持送去了一堆赏赐。没想到，就是这次出使成为了转折点。

六年后，永乐帝再派刑部员外郎吕渊出使日本，他愤怒地斥责足利义持：“尔父道义（足利义满），能敬天事大，恭修职贡，国人用安，盗贼不作。自尔嗣位，反父之行，朝贡不供，屡为边患，岂事大之道。”(《明太宗实录》)永乐帝仍旧劝足利义持遵循其父之道,回归朝贡体制。结果,明使照例被挡在了门外,没能进入京都。不过,萨摩的大名岛津氏竟然私底下与吕渊合作,假称“日本国王使”,偷偷跑去朝贡。这让永乐帝产生了误解,以为还有与日本的统治者继续交涉、使其恢复朝贡的可能。于是,应永二十六年(1419)明使吕渊又至,结果依旧遭到拒绝。这令永乐帝大感意外。

吕渊第一次在日本滞留时,足利义持命五山禅僧、等持寺住持古幢周胜前去接洽,说明了日本方面的态度。第二次抵日时,义持命禅僧元容周颂给吕渊呈递了书状。按照义持给出的理由,之所以不允许明使入京,是因为“本国(日本)开辟以来,百事皆听诸神,神所不许,虽云细事,而不敢自施行也”,也就是拿出了“神国思想”,说与明朝断交是神明的意志。不仅如此,他还说自打足利义满开始和明朝贸易以后,“神人不和,雨阳失序”,连义满自己也感染瘟疫去世。甚至专门为此事占卜以后,有神明附在人身上传话,说“我国自古不向外邦称臣”,之前义满又称臣,又接受明朝的印绶、历法,最终遭致天谴,这才感染急病,撒手人寰。里面还说,拒绝使节不是因为不服,实在是要顺从神明的意愿,昔日元朝百万雄兵来伐,就是因为有神明庇佑,日本才逃过一劫。我国的神明实在太灵验了,不可不信。最后,义持所理想的国际关系,是“彼不来,此不往,各保封疆”(《善邻国宝记》)。这看起来有些神神叨叨的说辞,很显然,永乐帝不可能相信。

历来，学术界对足利义持为何与明朝断交、绝贡，有过很多种解释。有的学者认为,足利义持对他父亲的诸多政策都十分反感，拆北山第、退还“太上天皇”尊号、在父亲的肖像画上题和宋徽宗有关的画赞，都是他对父亲的“逆反”；也有学者指出，足利义满的外交政策早就争议颇多，足利义持不过回归到了当时大家都能接受的路线上；还有学者觉得，足利义持之所以拒绝明朝朝贡、册封，乃是其维护天皇家权威的一以贯之的举动。这些说法都反映了一定程度的事实。总之,一开始还能坚持向明朝朝贡、承袭“日本国王”之位的足利义持之所以选择在应永十八年（1411）这个时间点做出政策调整，有一个重要的因素是老臣斯波义将的故去。于是，离开了斯波义将掣肘的义持立即表露出了自己内心的真实想法，迫不及待地推倒了义满那一代人辛苦建立起来的明日关系。

足利义持给吕渊的那一套说辞，或许也是他的一部分“真情流露”。笔者在《神风与铜钱：海岛日本遭遇世界帝国1268—1368》中多次提到，中世日本是一个崇敬神佛、宗教氛围极为浓厚的社会。元日战争后轰轰烈烈的“异国降伏祈祷”，也才过去了百年而已。即便是在政治上贯彻实用主义到底的足利义满，也是不折不扣的宗教信徒，亲身参与到了显密佛教的活动当中。在中世贵族社会的想象中，日本列岛的中心京都是一个“清净”无比的空间，越远离这个中心，就越是沾满污秽。因此，为了让京都，特别是京都的天皇保持“清净”，就需要把外国人挡在京都之外，防止他们带来秽气，惹怒列岛之上的神明——这大概是一种对外来传染病的朴素认识。因此，中世日本长期以来都拒绝外国使节入京。但足利义满打破了这个惯例，让明朝、朝鲜使节进入京都，并接受了明朝的册封。结果，足利义满感染瘟疫，各寺社卖力祈祷也没能将他从鬼门关拉回来。按照中世日本人常见的思维模式，认为义满得罪了神明，遭到了天谴，是完全有可能的。更何况，足利义持本人是一位宗教热情很高的执政者，曾经 20 次参拜伊势神宫，是室町时代求神拜佛最积极的将军。当时，席卷日本列岛的“应永大饥馑”已经开始（见本书第十章），这让足利义持对神佛更加畏惧。

然而，明朝皇帝朱棣绝无可能接受日本人的这套逻辑。足利义持一再拒绝明使，三番五次地给永乐帝泼冷水。这么一来，日本和明朝的关系一下子降到了冰点，倒退到了洪武时期，中日关系最尴尬的时刻。

朝鲜和琉球

当时，朝鲜和明朝的关系实际上也有些微妙。朝鲜太宗李芳远治下，朝鲜的政局由丽末鲜初的血雨腥风逐渐走向稳定，通过大刀阔斧的改革，朝鲜王朝的政治结构得以奠定，对明朝的“事大”

原则也明确下来。这时候，永乐帝着手治理东北，招抚女真，北御蒙古。但永乐帝也担心朝鲜与女真或倭寇勾结，威胁明朝边疆。毕竟自高丽时代以来，朝鲜半岛的执政者屡次意图“北拓”，与明朝产生过多次摩擦。而且，由于“日本国王”足利义满在永乐帝面前的表现极为积极，明朝一度和日本关系更为亲近。当时，李芳远不愿让明朝知道自己和日本通使，刻意做了隐瞒，结果，朝鲜使节吕义孙（见第七章）在日本时，正好与明朝使节一行打了照面，这就暴露了朝鲜和日本通使的状况。等明使回去复命以后，礼部愤怒地质问朝鲜：你们不是说你们不与日本交通吗？怎么本朝的使节一去日本，就看到你们的使节也在那里呢？双方的缺乏信任可见一斑。另一方面，朝鲜对明朝和日本关系步步升温也忧心忡忡，担心明朝要“与日本共侵于我”(《朝鲜太宗实录》)。

足利义满去世后，接到日方讣告的李芳远也向日本派出了使节,即明永乐八年（1410）的使节梁需。梁需的使行虽然不太顺利，在海上遇到了盗匪的抢劫，但总算抵达了京都，见到了足利义持。梁需回到朝鲜时，正好是明使王进被阻于兵库那一年，他带回去的日本国书已经不再像足利义满那样使用“日本国王”的称号，而是署名“日本国源义持”(《朝鲜太宗实录》)。此后，对朝鲜通信不称“国王”，不用明朝年号，成为了室町幕府的惯例。之后李芳远在位期间的对日遣使就只有永乐十一年（1413）。结果，这次的使节朴贲才到庆尚道，就“称疾不行”。于是，朝鲜议政府的领议政成石璘向国王李芳远建言：如今“日本贼船，岁寇上国（明朝）”，倭寇屡次侵犯明朝，永乐皇帝正有出兵雪耻的打算，这时万不可遣使日本惹麻烦（《朝鲜太宗实录》）。李芳远同意，遂放弃遣使。

这时候，倭寇活动再起，威胁朝鲜半岛南部海岸。足利义满时代一度平静下来的倭寇活动，又有了死灰复燃的苗头。应永二十一年（1414），足利义持派出的使僧圭寿抵达朝鲜，请求赐予《大藏经》。李芳远起初打算直接赠予日本经版，让他们自己拿回去印刷。当时有人质疑说，如果赠送了经版，日本使节恐怕就不会再来（求《大藏经》）了。李芳远当即表态：“只要不侵我境，不须通使。”虽然最后还是给了丰厚的回赐，但李芳远的态度仍然是“日本国王（义持）不能使威行诸岛”，日本统治者连自己的国家都管不好，连几个倭寇都解决不了，能接待对方来使已经仁至义尽了，今后不必主动遣使（《朝鲜太宗实录》）。可以说，足利义持在倭寇问题上的不作为让李芳远颇为不满。李芳远对发展与日本的关系态度冷淡。于是，朝鲜的对日遣使断绝。

但对足利义持来说，他却十分乐意发展与朝鲜的关系。毕竟与明朝一断交，国际贸易受阻，获取海外商品的常规渠道断了，那么，朝鲜半岛这个备用渠道就变得重要了。因此，日本方面对朝鲜的遣使，在这段时间十分积极。首先是应永十八年（1411）足利义持遣使去日本，就梁需遭劫一事致歉，还借花献佛，顺带着给朝鲜赠送了一头从东南亚进口的大象（见本书第七章）。同年十月，义持又派人去朝鲜，请求朝鲜赠予《大藏经》。然后应永二十一年(1414)足利义持使节又至。除了义持本人派遣的使节外，西国大名大内盛见在应永十六年(1409)、十八年(1411)、二十年(1413)、二十一年(1414)、二十二年(1415)、二十三年(1416)、二十四年(1417)、二十五年(1418)都派遣了入朝使节。几乎年年遣使，乐此不疲。大内盛见在前述的“应永之乱”后掌握了大内氏的大权，与足利义持关系不错，此后更是长期居住在京都，参与幕政。吉田贤司指出，大内盛见正是足利义持推动对朝外交的关键推手。足利义持希望通过大内氏的努力维持与朝鲜的关系，发展与朝鲜的贸易，引入朝鲜的《大藏经》，来替代已经断绝的对明贸易。两国这时形成了一种有些奇特的关系，通俗来说，就是室町幕府一再用自己的热脸，在贴朝鲜的冷屁股。

足利义持为日明断交寻找到的替代方案不止朝鲜一家。当时，日本列岛西南的琉球群岛，尚巴志(1372—1439)起兵取代了中山王武宁，开启了琉球三山(中山、北山、山南)的统一之路。尚巴志后来成为了琉球王国的第一代国王。足利义持试图通过九州岛最南端的大名岛津元久，同琉球建立联系。岛津元久在京都拜见了义持之后，进献了不少中国奢侈品，以及从琉球输入的麝香、沉香、砂糖、南蛮酒。岛津元久意在告诉义持，自己的确有独特的海外贸易渠道，即便不经过明朝，也能获得大量的进口商品，他们可以成为日本与琉球贸易的中间人。可以想见，这令足利义持十分满意。应永二十一年（1414）十一月，琉球中山王尚思绍（尚巴志的父亲）的使节果然抵达京都，足利义持借机向琉球王送去了书信。室町幕府与琉球的使节的往来路线顺利打通，琉球使几乎年年到来。

可以说，足利义持寻找的替代方案，多多少少取得了一定的成功。即便在看似坚硬的海禁与朝贡体制框架之下，实际上也存在着许多可操作空间。哪怕与明朝断交，上了明朝的黑名单，足利义持的使节也并不会被朝贡体制内的其他国家——如朝鲜王朝和琉球所拒绝。这样一来，哪怕没有朝贡贸易这条路，室町幕府还是能够以朝鲜和琉球为中介，来获取中国的商品。从这一点上来看，足利义持也并非对国际关系一无所知。恰恰相反，他对日本列岛以外的情况，或许有着一种与足利义满截然不同的敏感。

倭寇再起

除了京都的大人物足利义满之外，还有一位小人物的离世，也给当时的东亚局势带来了很大的影响。应永二十五年（1418）四月，九州岛西北海域小岛对马岛的主人宗贞茂逝去。继承人宗贞盛尚年少，无力统辖部众。岛内的实权掌控在了一位名叫早田左卫门太郎的人的手里。这位早田左卫门太郎还有一重身份，他曾是倭寇的首领。

笔者在《神风与铜钱：海岛日本遭遇世界帝国 1268—1368》中提到，马岛在日本列岛和朝鲜半岛之间，是一个极为特殊的岛屿。对马岛距离韩国南部的庆尚道非常近，如今在釜山，天气好的时候仍然可以眺望到对马岛。由于距离上的便利，对马岛民跨越朝鲜海峡到对岸并不困难。从 14 世纪末到 15 世纪，对马岛民经营“兴利倭船”，作为“兴利倭人”跨海到朝鲜半岛南部沿岸贸易。一些对马岛民在朝鲜南部庆尚道定居下来，成为“向化倭”“恒居倭”。在朝鲜太宗李芳远的时代，住在庆尚道的倭人不下 3000 人。在朝鲜史料的语境中，“倭人”虽有时也指日本列岛全部的居民，但更多时候只指代九州人，特别是对马、壹岐、五岛等国境线上各岛屿的居民，或者就只指对马人。当然，对马岛也是主要的倭寇来源地之一。

对马岛的岛主宗贞茂和朝鲜王朝的关系非同一般。宗氏家族自打镰仓时代起，就是北九州御家人少贰氏的被官（下属）。少贰氏当时是九州大宰府的实际支配者，在 13 世纪末的元日战争中大放异彩。到了南北朝动乱的末期，少贰氏投靠了南朝势力（见本书第三章）。这时的对马岛宗氏就在少贰氏的麾下，在北九州坚持与室町幕府九州探题的军队对抗。然而，少贰氏、宗氏的势力终究没能抵抗得住幕府的攻势，15 世纪初，二者投降幕府，宗氏遂不再介入北九州战局，着力经营对马岛。北九州的局势于是逐步稳定下来。

当时，适逢足利义满与朝鲜王朝及明朝合作，试图解决倭寇问题。宗贞茂便在幕府指示下，在属地内搜寻被倭寇掳掠而来的被掳人送还朝鲜。据荒木和宪统计，从应永六年（1399）继承家主之位到二十五年（1418）去世，宗贞茂同朝鲜通使 77 次。特别是晚年的 1411 至 1418 年，短短七年间竟通使 57 次。其中既有以镇压倭寇、送归被掳人、通报倭寇情报为名义的通使，也有求取《大藏经》的使节，还有索要朝鲜人参、大米的使节。宗贞茂在向朝鲜求赏大米的时候，往往自夸“力禁贼船，毋犯朝鲜之境”（《朝鲜太宗实录》），以成功打击倭寇为由，向朝鲜邀功请赏。这一时期，宗贞茂在打击倭寇的方面大体上与朝鲜王朝保持了合作的关系，朝鲜对其寄予厚望。

1418 年初，宗贞茂卧病在床。宗贞茂派人到朝鲜去，求朝鲜赐药。宗贞茂还给朝鲜方面透露了一个消息：前些日子有一伙倭寇经过了九州岛南端的萨摩，准备袭击明朝，途中大概要路过朝鲜半岛，建议朝鲜早做准备，防御寇贼（《朝鲜太宗实录》）。朝鲜这边对宗贞茂的健康状况也十分忧心，于是赐予他保命丹、正气散等药材和烧酒。然而，朝鲜赐予的药材没起什么作用，这年四月，宗贞茂辞世。朝鲜专门派人前去吊唁。在朝鲜王朝眼中，“贞茂之在对马岛也，威行诸岛，向慕国家（朝鲜），禁制群盗，使不得数侵边境”（《朝鲜太宗实录》）。可以说，朝鲜对宗贞茂在禁止倭寇方面的所做所为给予了很高的评价。

宗贞茂时期，虽然倭寇活动进入低谷，在朝鲜看来是很大的功绩，但需要注意的是，倭寇并没有被消灭，宗贞茂也无意以武力消灭倭寇。他们只是被宗氏利用，与宗氏妥协，转盗为商，成为宗贞茂对朝鲜贸易的追随者而已。因而，有些“老实本分”地前往朝鲜贸易的“兴利倭人”，转过头来就变成了威胁明朝的倭寇。比如说1409年，朝鲜庆尚道水军截获了两艘自称“兴利倭人”的商船，商船持有宗贞茂的证明书，看起来没什么问题，但仔细一查，船上的货物全是中国的货物，甚至还盖着“大明靖海卫”的印信，显然是倭寇从中国船上抢来的（《朝鲜太宗实录》）。此外，宗贞茂还曾请求朝鲜释放“投降倭人”，也就是被朝鲜抓获、投降的倭寇。这意味着宗贞茂与倭寇势力一定存在关联。宗贞茂一死，继任者统制力不够，这些人就有立马撕下“兴利倭人”面具、转商为盗的可能性。

果然，宗贞茂去世后，朝鲜半岛南部的倭寇活动再度活跃起来。一方面是因为继任者宗贞盛年少，岛内陷入群龙无首的局面；另一方面则是因为对马岛开始发生严重的饥荒，本就土地贫瘠、物产缺乏的对马岛陷入了粮食极度短缺的窘境。给足利义持政权以重创的“应永大饥馑”，实际上已经开始了。于是，明永乐十七年（1419）五月初五，50艘倭寇船袭击了朝鲜忠清道庇仁县（今韩国忠清南道舒川郡）的都豆音串，包围并焚烧了朝鲜的兵船。太上王李芳远闻讯大怒。

就在宗贞茂去世的同一年（1418），朝鲜王朝的最高统治者李芳远，已经禅位给自己的儿子李祹。李祹就是朝鲜王朝历史上赫赫有名的“世宗大王”，朝鲜文字的缔造者，印在1万韩元钞票上的人物。但李芳远虽然禅位，却没有放弃权力，实际上仍以太上王的身份执政，有如晚年的足利义满一般。年过五旬的李芳远决心在自己政治生涯的最后阶段发动一场军事行动，一劳永逸地解决倭寇问题。这就是朝鲜王朝历史上的“己亥东征”。

望海埚之战

倭寇袭击朝鲜庇仁县都豆音串的时候，有一名倭寇被朝鲜抓住，根据他的供述，当时他们的真正目的地并不是朝鲜，而是要去明朝劫掠，只不过因为缺少粮食储备，走不了那么远，才就近袭击了朝鲜。六月，果然有一伙倭寇出现在明朝的辽东半岛。明永乐十七年（1419）六月十五日，辽东总兵官中军都督刘江在辽东望海埚大败倭寇，斩首千余。这就是“望海埚之战”。

实际上，在整个永乐时期，倭寇几乎每年都会在史料中出现，即便在足利义满配合压制倭寇的时期，也没有彻底消失。特别是永乐十六年（1418）袭击江苏金山卫的倭寇，达到了100艘船、

7000余人的庞大规模。在辽东方面，由于倭寇屡次来袭，永乐帝严格部署辽东备倭措施，并在各处修建烽台。刘江更是在倭寇必经之路的望海埚修筑堡垒，加强防御，严阵以待。这天，倭寇近2000人登陆后，刘江诱敌深入，引倭寇入埋伏，而后左右夹击，使其大败。明朝取得了剿灭倭寇的一次重大胜利。此后，倭寇很长时间不敢再进犯辽东。

"望海埚之战"仅四天后，朝鲜就开始了"己亥东征"，出兵对马岛。虽然李芳远和刘江不曾商量，却不约而同地选择了相近的日期。看起来仿佛是明朝和朝鲜王朝在一起开展联合军事行动一般，犹如元日战争时蒙古、高丽联军的重演。但"望海埚之战"毕竟只是在明朝辽东的土地上对海上流窜的倭寇的歼灭战，而非直接对日本的讨伐。

那么，面对足利义持的绝贡、断交，永乐帝是否有可能直接兴兵讨伐呢？自打足利义持驱逐明使以来，日本和明朝的关系就十分紧张，存在爆发冲突的可能性。明永乐十一年（1413）的《朝鲜王朝实录》里有一段耐人寻味的记载。当时，朝鲜贺正使林密在明朝出使，永乐帝专门和他谈起了日本不来朝贡之事。永乐帝说，"日本国老王（足利义满），事大以诚"，没想到"嗣王（义持）"即位以后，不仅不来朝贡，还纵容倭寇骚扰边疆，甚至把他父亲的画像挂在墙上，"刺其目"，简直是大逆不道。永乐帝接着说，接下来明朝要发舰船万艘，讨伐日本。林密回到朝鲜后向李芳远报告，李芳远觉得朱棣恐非戏语，朝鲜也得早做准备，一旦开打，八成会像当年元朝征日一样过境朝鲜半岛，这会令朝鲜朝野十分头疼。朝鲜王朝深信明朝“征倭之举，必在五六月”，因此便开始提前整军备战起来（《朝鲜太宗实录》）。但是，这一年最终风平浪静，战争没有发生。

实际上，永乐十七年（1419）明使吕渊再度赴日时，带了落款为“永乐十六年（1418）十一月初一”的永乐帝给足利义持的敕书。敕书中就有威胁要兴兵讨伐的语句。永乐帝在敕书里先是把足利义满夸赞了一番，说他“海东诸蕃，国王之贤者，自古无有若尔先王（义满）者也”，然后痛斥义持嗣位以后的倒行逆施，警告他不要自恃偏居海外，之所以现在还没有出兵讨伐，不过是念及日本百姓无辜，以及先王义满的功劳，一旦发兵，还请“高其城、深其池，以候天兵之至”。永乐帝最后还指名道姓地顺带夸赞了两嘴李芳远，说他“敬顺天道，恭事朝廷，一国之人，得以安宁”,劝足利义持向朝鲜王朝学习(日本内阁文库藏《修史为征》)。这封敕书的内容也传到了朝鲜，后来朝鲜通信使宋希璟还在他的使日记录《老松堂日本行录》中引用过。足利义持阅后大怒，暴跳如雷。

敕书送到足利义持手上时，李芳远发动的“己亥东征”已经开始，明朝讨伐倭寇的“望海埚之战”也已发生，室町幕府这边谣言满天飞，京都处在一片慌乱之中（见本书第十章）。因此，足利义持虽然气愤，但还是让禅僧元容周颂给了答复。如前所述，义持的答复倒没有什么挑衅的语句，而是不厌其烦地讲了断绝朝贡的理由，然后郑重其事地说“我不要高我城，亦不要深我池，除路而迎之而已”（《善邻国宝记》）。也就是答复朱棣，室町幕府并不打算整军备战，但明军真要来攻，也并不惧怕，只管迎战便是。看上去，足利义持的态度十分强硬。

足利义持当真不怕么？下一章将会提到，室町幕府当时内忧外患，人心惶惶，根本不像他的答复中所写的那样。虽说“己亥东征”与“望海埚之战”没多大关联，但却不禁让人联想，永乐帝是否真的已经动怒，打算征伐日本了？朝鲜的军事行动背后是否有明朝的支持？明朝会有下一步的军事行动吗？面对这样的紧张态势，足利义持在答复中试图缓和关系，针对永乐帝“使臣（吕渊）至尔国中，尔（义持）或拘留，或杀戮，听耳所为”（《修史为征》），也就是使臣要杀要剐、悉听尊便的一番豪言，义持答复说：这么说是什么意思呢？我什么时候说要拘杀使臣了？我的目标不过是庄子说的“民至老死而不相往来”罢了（《善邻国宝记》）。他当然不仅不杀使，还把使臣安安全全地送回去了。显然，足利义持无意进一步激怒朱棣。此刻的义持，正在面临他接任将军以来的最大考验。

第十章　己亥东征

“蒙古再来”

尽管“皇帝”与“国王”最终没有爆发直接的冲突，但朝贡体制下的两位“国王”却直接对垒。这就是朝鲜太上王李芳远发动的“己亥东征”，在日本叫作“应永外寇”。

李芳远的计划，是趁倭寇袭击明朝，对马岛守卫空虚之际，以闪电战的方式给予对马倭寇沉痛打击，让倭寇再无进犯朝鲜半岛的能力。有意思的是，在出兵前的一个月，朝鲜就已经将出兵的理由通报给了室町幕府九州探题的使节，让使节回国告知日本的统治者，这次出兵旨在剿灭倭寇，并非与日本开战。这年（1419）六月十九日，朝鲜征讨对马岛的大军正式从巨济岛启航，朝鲜军出动了军船227艘，兵力17285人，总指挥李从茂，是全罗道出身的将领，任职三军都体察使。仅一天后，朝鲜的大军就在对马岛的浅茅湾登陆。李从茂打了对马岛一个措手不及，对马岛的守卫者望风逃窜。李从茂随即命人劝降对马岛主宗贞盛，一路搜捕倭寇，夺取倭船129艘，焚毁房屋1939间，斩首140人，俘虏21人，解救被掳明朝人131名（《朝鲜世宗实录》）。但之后，在李从茂打算进一步扩大战果时，朝鲜军在对马的仁位郡遭遇了伏击，损兵100多人，朝鲜军陷入苦战。最终，没能取得更大战果的李从茂接受对马宗氏的建议，趁台风来临前，于七月三日撤回了巨济岛。短暂的“己亥东征”，或曰对马岛之役，就此结束。

仗是很快就打完了，但远离战场的京都流传的各种关于战事的传言久久不能散去。当时，许多神社、寺院都出现了“怪异”的事件。比如，对马岛之役刚开始的六月二十四日，京都西南的石清水八幡宫的鸟居居然坍塌了，当时足利义持正在参拜，着实给吓了一跳。第二天，日本海一侧的出云大社居然“震动流血”；当天，祭祀天照大神的广田神社中还突然出现了神秘的“军兵数十骑”，直奔东方而去，其中有一位是女武将。据说，广田神社的神官看到这诡异景象后立马就发狂了（《看闻日记》）。此外，贺茂神社里的树木一瞬间就枯死了几百棵；美浓南宫神社的社坛发生了震动；贵布祢山（贵船神社）发生了山崩。甚至九州岛最南端的萨摩也传出唐人来袭的消息，据说，来袭的唐人长着一副鬼怪的样子。一时间，京都谣言四起，整个日本列岛似乎都笼罩在战争的阴云之中。

笔者在《神风与铜钱：海岛日本遭遇世界帝国1268—1368》

中提到，13 世纪后期蒙元与日本交战时，日本的统治者将其理解为“神与神的战争”，掀起了浩浩荡荡的“异国降伏祈祷运动”。简言之，就是除了前线的武士们在与蒙古、高丽联军作战外，人们认为日本的神明也在与蒙古的神明作战，需要通过连续不断的佛事法会，给为日本作战的神明增加威力。于是，弘安之役（1281）时出现的台风，也被理解为“神风”，人们认为是“异国降伏祈祷”起了作用，灵验了。可以看到，对马岛之役时的日本在崇拜神佛方面没有什么两样，也把与朝鲜军的激战理解为“神与神的战斗”。广田神社出现的神秘女武将，指的大概就是天照大神，或是神话传说中曾“征伐三韩”的神功皇后。她麾下的军兵，也就是日本的“神兵”。

很快，关于对马岛之役的信息就传到了京都。五月十三日，李芳远决定攻击倭寇巢穴对马岛，二十三日“大唐国、南蛮、高丽等”即将进攻日本的消息就传到了京都（《看闻日记》）。七月至八月，朝廷和幕府要求醍醐寺、石清水八幡宫等进行“异国降伏祈祷”。

五月二十三日京都就收到了消息，令室町殿足利义持感到惊慌失措。这时距离李芳远决定出兵才过去一个星期，消息从朝鲜半岛传到京都没这么快，显然不是朝鲜传来的真实讯息，据佐伯弘次的推测，这大概是在与明朝断交的紧张状况下传出的一个谣言。两个月后，明使吕渊就抵达了兵库。

室町幕府收到正式战报的时间，是这一年（1419）的八月七日。

汇报人是九州大名少贰满贞，足利义持命人朗读了战报。根据少贰满贞汇报的内容，袭击对马的军队，是“蒙古舟先阵五百余艘”，宗氏的军队 700 余骑与其力战之后，敌军已撤退，“异国大将”两人被俘，据其供述，得知“五百余艘”全部是朝鲜的战船，之后还会有“唐船二万余艘”前来助战。但六月六日，海面上突然狂风骤起，唐船大半沉入海底，残留的全都撤退了(《满济准后日记》)。换言之，神风助阵，室町幕府军大获全胜。

另一份更为详细的军报，收录于八月十三日贞成亲王的日记《看闻日记》中。根据这份署名“探题时范”的军报，袭击对马岛的是“蒙古高丽一同”的战船 500 余艘，九州探题调动了九州全境的兵力与其力战，最后歼敌 3700 余人。仗打到最激烈的时候，海上突然显现“奇特神变”，风雨震动，溺死的敌军不计其数。而且有意思的是，战场上还突然出现了率领着四艘大船的女将，插着“锦之旗”（天皇家旗帜）(《看闻日记》)。这简直就是暗指刚才出现在广田神社里的神秘女武将。根据佐伯弘次的考察，所谓“调动九州全境兵力”的说法根本就不存在，连九州探题和少贰满贞都不可能参加过对马岛之役，更何况，九州探题当时根本就不是“时范”，而是涩川义俊。因此，这份军报多半是假货，是当时谣言满天飞的京都市面上流传的一份伪文书。

然而，有些耐人寻味的是，无论是少贰满贞的真军报，还是“探题时范”的假军报，内容和主旨都是相同的：第一，这次对马岛之役的实质是“蒙古袭来”，是蒙古高丽联军的渡海作战；第二，日本又一次在神明的庇佑下，通过“神风”的助力取得了胜利。历史仿佛重演了一番。

读者们读到这里一定能发现，所谓“蒙古再来”完全是子虚乌有。彼时，永乐帝的远征漠北之战都已经打了两轮了，明军马上要发动第三次漠北之役，出击鞑靼。这时候日本要说有什么“蒙古再来”，只能是天方夜谭。但是，如果把“蒙古”二字替换成“明朝”，似乎一下子就说得通了。这也与五月二十三日“大唐国、南蛮、高丽等”将征讨日本的消息对得上。自打和明朝断交，室町幕府就处在紧张的气氛之中，明朝征伐日本的计划并非空穴来风。因此，朝鲜出兵对马岛，当即就唤起了日本人关于“蒙古袭来”的记忆。当时的日本人担心朝鲜出兵的背后有明朝诚邀，甚至明朝可能直接派兵助战，情况已经到了千钧一发的危急关头。这时候也只能依照“蒙古袭来”时的惯例，重启“异国降伏祈祷”了。然而，日本列岛所面临的局面并没有丝毫的缓解，比“己亥东征”更为严峻的事态，已经开始蔓延了。

应永大饥馑

这段时间，日本列岛的气候很不稳定。1417 年以后，日本发生了持续三年的旱灾，紧接着又迎来了秋季的连绵降雨。之所以会出现这样的反常天气，按照伊藤俊一的研究，是因为应永年间（1394—1428）是日本列岛气候由寒冷期转向温暖期的重要时期，急剧的气候变动诱发了洪水和旱灾。于是，在极端天气的影响下，全国性的大饥荒爆发了。这就是“应永大饥馑”，是中世以来日本遭遇的最大规模饥荒之一。

此外，饥荒的出现和扩散还有一个原因。社会史学者清水克行指出，这就是14世纪以来市场经济和物流业的活跃，使得京都成为了一个囤积粮食的消费型城市。饥荒一发生，饥民都以为京都必有粮食，结果大量饥民涌入拥挤的京都，却得不到足够的粮食，于是造成了二次饥馑。室町时代的京都，俨然“饥饿之都”。

室町幕府对这次大规模饥馑采取了一定的应对措施。足利义持于应永二十六年（1419）十月发布了禁酒令，五个月后又再度明令禁酒。之所以发令禁酒，并非因为义持本人不好饮酒，而是因为酿酒需要用米，京都发达的酿酒业消耗了大量的粮食，这令受困于饥馑的义持感到不满。此外，足利义持还命令各大名在京都五条河原——也就是鸭川边设立临时建筑，在里面向饥民施行救济，发放食物。但当时人们不知道的是，在长时间饥饿后，人的胃壁会变薄，会缺血，韧性会减弱。于是，很多饥民领到食物后由于进食太快，引发急性胃扩张，不少人直接撑死了（《看闻日记》）。

死者越来越多，幕府的救济已然失效。大量流民饿死未及收尸，而在饥肠辘辘的状态下，人们的抵抗力又普遍低下。次年开春以后，瘟疫开始在京都蔓延开来。“疫病兴盛，万人死去”（《看闻日记》）。一开始，瘟疫只不过是在庶民社会中传播，贵族们大概也还没觉得与自己有多大关系。但此后，公家贵族之中也陆续出现感染者和死者，内大臣大炊御门宗氏、大纳言北畠俊泰、权大纳言中山满亲、左大臣今出川公行等纷纷病死，令当时居住在京都南郊伏见的贞成亲王惊呼“恐怖无极”（《看闻日记》）。贞成亲王自己的亲友、家司，也有多人感染疫病死去。从二月开始，惨烈的疫情到五月、六月达到顶峰，直到七月才渐渐稳定下来。

七月十一日的时候，京都传来了伊势神宫的“神讬”。伊势神宫是祭祀“皇祖神”天照大神的神社，在日本中世的神祇信仰体系中至关重要。所谓“神讬”，就是神官或巫女突然被神明附体，开始代传神旨的行为。这种在东亚世界极为常见的民俗活动，类似中国的“扶乩”，在当时被认为是神明向人间传递信息的一种方式。那么，这次伊势神宫的“神讬”是什么内容呢？和之前的对马岛之役有关。神讬说日本之所以瘟疫蔓延，是因为前一年“蒙古袭来”（对马岛之役）时被日本的神明杀死的“异贼”，化为怨灵作祟，在日本散布瘟疫，将导致万人死亡（《看闻日记》）。伊势神宫的神讬，让饱受饥馑、瘟疫之苦的人们更加感到恐慌。异国（朝鲜乃至明朝）来袭的恐惧、持续不断的饥饿、恐怖的瘟疫，一下子都联系了起来，足利义持处在内忧外患的顶峰，到了举步维艰的地步。

瘟疫与饥荒肆虐之时，室町幕府已经失去了救济生者的能力，便开始投入到对死者的超度佛事之中。室町幕府命禅宗五山寺院举行“施饿鬼法会”，也就是中国佛教中也十分常见的施食佛事。1420至1422年之间，一共举行了7次大规模的施饿鬼法会。其中，1422年的法会目的记载得十分清楚，就是为了超度因“饥馑病恼”死去的数万死者（《看闻日记》）。当然，幕府举行佛事法会，也有安抚人心的目的。但是，法会的推进过程中却发生了预想之外的事情。应永二十七年（1420）禅宗各寺院举行盂兰盆施饿鬼时，相国寺的少年僧侣们互掷飞石斗殴，现场一片狼藉，连到场观看的足利义持的帽子也被击落，十分狼狈。两年后鸭川边举行的大施饿鬼法会中，现场的下层僧侣和居住在鸭川沿岸的“河原物”——即底层民众（贱民）发生了暴力冲突，两名僧侣惨死，法会的供物也被哄抢而空。室町幕府费尽心思筹备的法会，原本是旨在安抚人心、救济难民的活动，结果竟然一塌糊涂。这是令足利义持难以预料的。

从望海埚之战、对马岛之役开始，仿佛揭开了潘多拉魔盒一般，足利义持所面临的严峻挑战一个接着一个，室町幕府经历了南北朝合一以来最艰难的时期。在此期间，除了持续不断地祈祷之外，义持还慌忙地发布了一连串的“德政”命令，其中很多也与厉行神事佛事有关，但惨绝人寰的饥馑和瘟疫，要等到应永二十八年（1421）的下半年才逐步平复。室町幕府经历了漫长的过程，才从惨重的危机中慢慢恢复过来。

冲突之后

就在对马岛之役发生后不久，足利义持就派遣使节去朝鲜，以求取《大藏经》为名，试图缓和与朝鲜王朝的关系。日本派出使节之前，博多的商人宗金与中国人陈外郎发挥了关键的作用。朝鲜其实也无意与日本决裂，于是命宋希璟出使日本。宋希璟所著的《老松堂日本行录》，后来成为我们了解中世日本社会的重要史料。

宋希璟沿濑户内海沿岸一路抵达京都。刚到京都时，足利义持看上去态度十分冷淡，“初到其国，待之甚薄，不许入国都，距国都三十里，而近常以兵围守，不令与国人通继”（《朝鲜世宗实录》）。这就和当年的建文帝使节一样，被隔离在京都之外。但通过魏天、陈外郎、商人宗金以及禅僧们的居中斡旋，双方的误解消散，宋希璟一行也得到了良好的接待，日本与朝鲜之间的紧张关系总算解除。对室町幕府和足利义持而言，与朝鲜王朝的关系至关重要，在与明朝关系断绝的时期更是如此。说着“彼不来，此不往”，甚至喊出“老死不相往来”的义持，内心其实并不希望将日本置于孤立境地。

应永三十五年（1428）初，室町幕府第四代将军足利义持去世，在这位室町幕府的守成之主离去以后，继任的室町殿足利义教很快就开始谋求恢复与明朝的外交关系。此前的明永乐二十年（1422），朝鲜太上王李芳远已经离世，两年后，永乐皇帝朱棣也在亲征漠北的途中病逝。对马岛之役那时的几位关键人物均已离去，“翻篇”的时代也就顺理成章地到来了。永享三年（1431），足利义教开始计划恢复派遣遣明船，两年后正式派出使节，并于永享六年（1434）成功迎来了明宣宗朱瞻基派出的册封使。当时，明朝也开始战略收缩，结束了最后一次郑和下西洋，并从安南撤退。明朝不再追究义持的断交和绝贡，于是，朝贡体制下第三代“日本国王”诞生，勘合贸易也得以延续。

足利义持的时期或许只是朝贡体制下的中世日本的一段插曲，从第一次驱逐明使的1411年，到重启遣明船的1433年，实际上不过22年时间。在对外关系方面，足利义持时期是一个过渡时期，从足利义满时期日本与明朝“蜜月期”几乎年年遣使的状态，经过这段紧张时期后，逐步过渡到了“十年一贡”的常态。不过，对明朝来说，将日本的朝贡期限设为十年一贡，意味着对日关系的降级，日本在朝贡体制中的地位下降。同时，义满时期依靠遣明船的巨大收益而实现的财政泡沫，也在义持以后回归常态。足利义教时代的遣明船贸易虽然也带来了大量的收入，却不再能成为室町幕府的财政支柱。而室町幕府与朝鲜王朝乃至琉球的往来，也正是在义持以后才稳定下来。

桥本雄、黑岛敏等学者将这段与明朝断交的时期视为室町幕府“中华意识”（小中华）的流露。即便仍在东亚国际世界内部，足利义持也表现出了更为显著的中心意识，以绝贡、驱逐使节为标志，展现出了对以明朝为中心的国际秩序的挑战。足利义持想宣扬的，是日本能与明朝对等，甚至自命为“神国”的中心意识。这一时期虽然短暂，但义持的很多做法实际上被之后的继任者所继承。比如，足利义教、足利义政也会在朝鲜和琉球的使节面前流露出自己的中心意识，把来访的外国使节想象成朝贡使，畅想着“万邦来朝”的景象。文明十二年（1480）足利义政甚至通过萨摩岛津氏斡旋，主动要求琉球来朝贡。足利义教、足利义政也和义持一样，在对朝鲜、琉球的通信中不使用“日本国王”的称号，不愿意提及这个朝贡体制之下的身份。由此可见，义持之后的执政者，与义持本人存在相当多的延续性。足利义持的举动，并不能以“例外”来视之。

被“撕毁”却仍完好的册封诏书

本书的最后两章，想稍微跑一跑题，和大家聊一聊一件大约两百年以后的事情。

虽然本书提到的室町幕府与明朝之间的外交文书，很多都收录在了瑞溪周凤的《善邻国宝记》这部著作之中，但绝大多数文书原件均没有保存下来。现存的文书中，有相国寺藏永乐五年(1407)《永乐帝敕书》一件，和爱知县德川美术馆藏同年《永乐帝敕书》一件。前者是永乐帝赐给遣明使节个人，以示褒奖的文书，后者则是给足利义满的敕书，内容是对义满忠心的嘉奖，及一份回赐品的清单。二者都是珍贵的历史文物。但遗憾的是，二者都不是明朝皇帝册封“日本国王”的文书。

不过，日本现在还真有一份明朝皇帝册封“日本国王”的“圣旨”存世。里面清清楚楚有“特封尔为日本国王”八个大字，开头则有国内读者十分熟悉的“奉天承运皇帝”字样。那么，这份文书背后，究竟是哪一位“皇帝”，在册封哪一位“日本国王”呢？

要说清楚这件文书的身世，我们需要介绍一段《日本外史》的记载。《日本外史》是江户时代学者赖山阳的著作，在幕末维新时期影响很大，是塑造近代日本人历史观的一部重要作品。《日本外史》在叙述16世纪末的日本执政者丰臣秀吉（1537—1598）侵略朝鲜的战争的部分，特地写了一段关于丰臣秀吉会见明朝使节的内容。按照赖山阳的说法，在明朝使节与丰臣秀吉会面时，丰臣秀吉听到万历皇帝诏书中“特封尔为日本国王”一句，当即勃然大怒，把明朝的诏书撕得粉碎，大骂“吾掌握日本，欲王则王，何待髯虏之封哉！”（《日本外史》）这段描写非常有名，不断出现在各种文学艺术和影视作品中。在日本大举对外扩张的年代，撕毁明朝诏书的丰臣秀吉成为很多日本人的偶像。

按照长久以来的说法，明朝和日本双方的和谈代表当时为了能够迅速达成协议，采取了分别欺骗万历皇帝和丰臣秀吉的伎俩，让双方都以为对方已经照单全收。于是，册封仪式一举行，这样的小伎俩就败露了，丰臣秀吉发现自己开出的条件一点儿也没得到满足，只收获一顶“日本国王”的空帽子。因此，丰臣秀吉暴跳如雷，把诏书给撕了。

丰臣秀吉侵略朝鲜的战争分成文禄之役（1592—1593）和庆长之役（1594—1598）两部分，朝鲜史料则称之为“壬辰倭乱”和“丁酉再乱”，这次战争虽然发生在朝鲜半岛，但丰臣秀吉当时的真实意图是“唐入”，即入侵明朝，让朝鲜来做“征明向导”。丰臣秀吉当时有一个“三国分割计划”，妄想吞并明朝后，把后阳成天皇请到北京去，让养子丰臣秀次做中国的“关白”，自己则搬到宁波这座面向东海的对外贸易港口城市去住。这一异想天开的计划在日本的历史上可谓前所未有，因而也时常被视作日本后来发动对外侵略的精神资源。

然而，当明朝正式加入战争以后，前方的战事就不太如丰臣秀吉的意了。“三国分割”的春秋大梦很快便破产。于是，两次战事的间隙，参战双方曾有过一段休战与议和。明朝方面期望丰臣秀吉谢罪、归还朝鲜领土，日本方面则要求和亲、重启勘合、朝鲜割地等。尽管双方开出的条件天差地别，但几轮协商洽谈之后，日本的使节到北京面见了万历皇帝，拿着一封伪造的“关白（秀吉）降表”，以退兵为条件，换来了明朝册封、讲和的承诺。于是，1596年，明朝派出册封使杨方亨，到当时日本的政治中心大坂城（今大阪市内）去册封丰臣秀吉。这就是《日本外史》所描写的“名场面”的原型。但不同于赖山阳那段画面感十足的记载，丰臣秀吉当时对册封并无抵触。并且，万历皇帝册封丰臣秀吉的诏书，也没有被撕毁，而是完好无损地保存在大阪城天守阁博物馆里。装帧精美、字迹优雅，是一件历史价值和艺术价值都很高的珍贵文物。这就是本节开头提到的那篇“圣旨”。不仅如此，万历皇帝还给丰臣秀吉手下的各位大名封了官，送了官服，很多今天还保存完好。

后来，双方和谈破裂，丰臣秀吉又再度挥戈西向，结果惨败而归，自己郁闷离世，辛苦打下的天下也在关原之战后一步步被德川家康（1543—1616）夺了去。这是日本历史上著名的公案。由于德川家康此后并未接受明朝的册封，丰臣秀吉成了朝贡体制下最后一位“日本国王”。从足利义满和建文、永乐帝开启的“皇帝与国王”的交流史，到丰臣秀吉与万历皇帝这一代正式落下了帷幕。

“国王”“大君”与“emperor”

其实，德川家康上台以后，也曾做过回归朝贡体制的努力，比如送还侵朝战争时掳来的明朝俘虏，或通过琉球、朝鲜代为向明朝传话，以期与明修好。但在摸索中，与明朝复交失败之后，便不再寻求加入朝贡体制，成为明朝天子之下的“日本国王”，而是谋求建立独立的对外秩序。遵循足利义持以后的中世惯例，德川家康及其之后的幕府统治者一般自称“日本国源某”，如“日本国源家康”“日本国源秀忠”。

尽管德川家康从来不曾是一位被明朝正式册封过的“日本国王”，他却仍然在外交场合中被人以“国王”相称。比如，据越南史学者叶少飞的研究，当时越南南方的阮主势力与日本通使，一开始管德川家康叫“大相国家康公”，之后又叫“日本国内大宰执”，后来干脆称呼“日本国王殿下”。类似的，越南北方的郑主势力也曾用“日本国王”来称呼德川家康。德川家康虽不以此自称，却也不做辩解，这反映出外交场合中幕府执政者的尴尬地位。德川幕府不得不寻求一个替代方案。

最终，德川将军找到了一个新的称谓，来在东亚外交中表明自己的地位。这就是“大君”。于是，“日本国大君”成为替代“日本国王”的正式方案，在江户时代的对朝鲜交往中得到了长期的贯彻。朝鲜与日本的外交，成为“朝鲜国王”与“日本国大君”

之间的外交。使用“大君”这个在朝贡体制中前所未见的称号，标志着德川将军正式放弃了在朝贡体制中寻求自身地位的努力。这就是“大君外交”。这是日本对外关系史上的一次重大转折。在“大君”的领导下，德川幕府通过长崎、对马、萨摩、松前四口来处理与周边国家及荷兰东印度公司的关系，构筑了一套自己的“日本型华夷秩序”。关于“日本型华夷秩序”，已经超出了本书所能讨论的范围，在此不再过多展开。

然而有意思的是，不愿意成为“日本国王”的德川幕府执政者们，在西班牙殖民者的笔下，却被称作“皇帝（emperedor，即 emperor 的西班牙语）”，而西班牙的君主则是“国王（rey）”。16—17 世纪正是欧洲人大举西来，驾驶着他们的大帆船来到东亚海域，寻求贸易和传教的机会的时期。当时，为修复因丰臣秀吉时期驱逐传教士而恶化的日欧关系，德川家康曾试图摸索新外交政策，以积极务实的外交姿态开展对欧洲国家的交涉。1611 年，西属新西班牙（墨西哥）总督派遣探险家塞巴斯蒂安·维兹凯诺（Sebastián Vizcaíno）为使节赴日。维兹凯诺一行抵达日本，会见德川家康及其子将军德川秀忠时，把家康叫作“皇帝”，把秀忠叫作“太子”。维兹凯诺给德川秀忠带来了总督的书信和西班牙国王、王后的肖像。这是一种与足利义满时期的外交全然不同的对外交涉，“皇帝”家康与“国王”腓力三世（Felipe III，1578—1621）之间的关系显然与朝贡体制毫无关系，而是一种从欧洲中世纪以来的国际秩序意识出发的认知，在这种认知中，居于幕藩体制顶端君临着全国大大小小的“王”的幕府将军，是一位近似于神圣罗马帝国君主的“皇帝”。

17 世纪的日本所面临着的东亚国际环境，已经比足利义满时期更多元，也更复杂。这使得德川幕府更有机会从朝贡体制中跳出，去建立一套“皇帝与国王”之外的全新关系。等到德川幕府驱逐西班牙、葡萄牙势力之后，荷兰人逐步垄断了日本的对欧交涉。这时荷兰人又把幕府将军叫做“Keizer”，也就是恺撒——欧洲语境里皇帝的另一叫法。到这里，“日本国王”的头衔总算是被幕府的执政者们彻底抛弃了。

余论

足利义满是中世的超越者吗？——思考“人臣外交”

最后，我想再讨论一个问题：放在中世日本的历史长河中，接受明朝册封，成为“日本国王”的足利义满究竟是怎样一个人？

中世是一个先例主义的时代，人们更倾向于按部就班地做事。在公家或武家社会中，每当举行重大活动的时候，人们首先会查询先例——这时候，中世流行的日记史料就发挥了作用——活动应该几时开始？应该安排多少人参加？每个参与者应该安排什么角色？无一不需要查询先例。在众多的先例中，有的是备受好评的“佳例”，有的虽未必不佳，但因为后来发生过不祥的事情，便被连带着认为“不吉”，是应当回避的先例。比方说，当足利义持之后的室町殿足利义教试图恢复对明朝贡时，册封仪式该如何搞，将军应该如何向明朝的国书行礼，就需要参考义满时期的先例。对先例的了解，成为中世贵族社会最重要的知识。甚至，对制度、服饰、官职、仪式的传统进行考证的工作孕育了中世社会一项极为重要的学问：有职故实。在这样一个更喜欢因循守旧的时代，打破先例，突破常规，是十分困难的。这在对外交往的领域也是如此。

前面提到，明朝对朝贡体制下国家间外交的坚持，是“人臣无外交”。也就是说，为人臣者，若无君主之命，不得与外国交往，不得对外交涉，并且，具有朝贡天子资格者，也应该是一国之君主。一开始与明朝通使的足利义满试图回避这一点，选择与中书省或丞相通信，而这使得他与明朝的外交摸索屡遭挫折。这在今天的我们看来有些难以理解。我们或多或少能够理解明朝对“人臣无外交”的坚持，却不能理解足利义满为何要回避这一点。

实际上，自平安时代中期以来，日本对外交往的原则，也是“人臣无外交”，但这和明朝所坚持的截然相反——在日本自己眼中，日本的天皇同样是天子，因而外国的陪臣不得私自与日本的地方政府朝廷通使，外国的国书也不能有损天皇尊严。但这一套在实际的对外交往中经常是行不通的。毕竟，周边国家的使节并不会认日本的天皇为天子。于是，我们看到日本的统治者事实上贯彻了另一套准则，或者说需要因循的先例：“人臣外交”。平安时代的公家朝廷曾经多次与高丽王朝、宋朝通使，大多采取了不让朝廷自己站在外交前台，更不让天皇在外交文书中出场的原则。站在外交前台的是九州的地方管理机构大宰府。比方说，延久四年

（1072）京都大云寺的僧侣成寻入宋巡礼，朝拜五台山的夙愿达成后，他命他的弟子五人回国，并将宋神宗赐予的礼品和皇帝御笔书信一并带回日本。日本的朝廷通过讨论，决定向宋朝答谢，最终，持“日本国太（大）宰府牒”的宋商（使节）出现在了中国的史料里（《续资治通鉴长编》）。也就是说，虽然显然是官方的答复，日本朝廷仍然回避了直接与宋朝打交道，而是让属下的大宰府出面。宋徽宗时期，徽宗也曾给日本送来国书，日本朝廷还是照例让大宰府出面回信。同理，平安王朝与高丽的通信，也采用“日本国大宰府牒”的形式。在平安时代中期，宋朝明州（宁波）官府曾多次与大宰府通信，二者均为地方政府，形式上倒是比较合理，但为什么面对宋朝皇帝的国书，日本方面还是坚持让大宰府回信呢？渡边诚在《王朝贵族与外交》一书中指出，日方之所以如此行事，就是为了让天皇不参与与中国皇帝交往的礼仪秩序。

当时的日本人，就像世界上很多国家的人一样，将自己想象成世界的中心。而在中世以来的僧侣和贵族们的世界观中，这个世界中心的核心，就是天皇。虽然无法建立一个对等的国际秩序，但“日出处天子致书日没处天子”（《隋书》）的观念早已存在，你是皇帝，我也是皇帝，日本的贵族们当然希望中国的皇帝能将日本对等视之。然而在实际的朝贡体制下，这一愿望几乎没有实现的可能。因此，最简单的办法就是让天皇远离东亚世界的国际政治，将日本自己的“皇帝”排除在外交场合之外，于是，也就避免了“有辱国格”的问题。这就是日本一再坚持“人臣外交”的原因。

那么，足利义满放弃“人臣外交”了吗？从表面上看，日本与明朝的外交是“日本国王”与皇帝的外交，是按照明朝设定的朝贡体制规则开展的国家间交往活动。但读了本书的各位读者朋友可以很快戳穿这个“谎言”。作为“日本国王”的足利义满并不是日本的君主。他的身份是日本国内政治秩序里的一位“人臣”。一开始对建文帝通使时，义满使用的“日本准三后”这个身份，正显露了他的“人臣身份”。因此，足利义满对明朝的外交，包装虽然是朝贡体制的，但内核，还是中世“人臣外交”的惯例。

足利义满去世后，继任者足利义持很快就放弃了对朝鲜的外交文书中使用“日本国王”称号的做法。后来恢复朝贡的足利义教，也没有在对朝鲜、琉球的外交中把“日本国王”的称号捡回来，而是自称“日本国源某”。当然，他在向明朝上表时只能自称“日本国王”，否则外交无法开展。可一旦有施展“人臣外交”的机会，室町幕府的执政者们就会立即退回中世的惯例上去。顽固的中世惯例，即便是足利义满也改变不了。

如前所述，室町政权的执政者们，仍然面临着“天皇地位问题”。室町幕府的合法性来源于北朝的天皇，足利义持这样的执政者自视为“天皇家的执事”。即便是看上去跳脱出了中世的常规，扮演近乎“法皇”角色的足利义满也不曾有过颠覆天皇制的想法。天皇在中世国家中仍然是真正的国王，是中世国家统合性的象征，足利义满不曾破坏这条中世国家的最高原则。因此，足利义满是中世对外交往传统的颠覆者吗？恰恰相反，他是中世传统的维护者，只不过，他在朝贡体制的框架下，以柔和的方式，仿佛太极推手一般，绕开了中世传统与朝贡体制原则的冲突，以一种巧妙的方式取得了巨大的收益而已。

因此，本书的标题“皇帝与国王”实际上有着三重含义。其一自然是明朝皇帝（建文与永乐）与被册封“日本国王”的足利义满、足利义持；其二是普遍意义上的朝贡体制内的皇帝与外国蕃王的君臣关系（也包括“朝鲜国王”）；其三则是存在于日本国内政治秩序中的“皇帝”（天皇）与“日本国王”足利义满、足利义持。这三个关系在我们理解近代以前的东亚国际关系及日本的角色时不可忽视。只有理解了“皇帝”与“国王”的微妙关系，才能真正弄清楚朝贡体制下的日本，究竟是怎样一种存在状态。

参考文献

川户贵史：《中近世日本の貨幣流通秩序》，东京：勉诚社，2017 年。

村井章介：《アジアの中の中世日本》，东京：校仓书房，1988 年。

村井章介：《日本中世境界史論》，东京：岩波书店，2013 年。

村井章介编：《日明関係史研究入門：アジアのなかの遣明船》，东京：勉诚社，2015 年。

陈尚胜：《“怀夷”与“抑商”：明代海洋力量兴衰研究》，济南：山东大学出版社，2007 年。

彼得·克拉克：《欧洲城镇史 400—2000》，宋一然等译，北京：商务印书馆，2021 年。

大薮海：《康曆の強訴終結後の混乱と南都伝奏の成立》，《お茶の水史学》62 号，2018 年。

大田壮一郎：《室町幕府の政治と宗教》，东京：塙书房，2014 年。

岛尾新：《会所と唐物——室町時代前期の権力表象装置とその機能》，《シリーズ 都市・建築・歴史 4 中世の文化と場》第 4 卷，2006 年。

稻叶伸道：《南北朝期の興福寺と国家》，《日本中世の王朝・幕府と寺社》，东京：吉川弘文馆，2019 年。

丁晨楠：《海东五百年：朝鲜王朝（1392—1910）兴衰史》，桂林：漓江出版社，2021 年。

渡边诚 :《王朝貴族と外交 : 国際社会のなかの平安日本》，东京 : 吉川弘文馆，2023 年。

富岛义幸 :《相国寺七重塔 : 安置仏と供養会の空間からみた建立の意義》，《日本宗教文化研究》5（1）号，2001 年。

富岛义幸 :《相国寺七重塔とその伽藍》，桃崎有一郎、山田邦和编 :《室町政権の首府構想と京都》，京都 : 文理阁，2016 年。

葛兆光 :《蒙古时代之后——东部亚洲海域的一个历史关键时期 (1368—1420)》，《清华大学学报》(哲学社会科学版) 2021 年第 4 期。

关周一 :《室町幕府の異国使節への応対》，《宮崎大学教育学部紀要》第 96 号，2021 年。

关周一 :《中世の海域交流と倭寇》，东京 : 吉川弘文馆，2024 年。

黑岛敏 :《中世の権力と列島》，东京 : 高志书院，2012 年。

荒木和宪 :《中世対馬宗氏領国と朝鮮》，东京 : 山川出版社，2007 年。

吉田贤司 :《室町幕府論》，大津透等编 :《岩波講座日本歴史　中世 3》，东京 : 岩波书店，2014 年。

吉田贤司 :《足利義持 : 累葉の武将を継ぎ、一朝の重臣たり》，京都 : 密涅瓦书房，2017 年。

吉田卓尔 :《近世鹿苑寺における信仰と美術》，《京都産業大学論集人文科学系列》第 51 号，2018 年。

菅原正子 :《将軍足利家の肖像画にみえる服飾》，《国史学》，第 227 号，2019 年。

今谷明 :《室町の王権 : 足利義満の王権簒奪計画》，东京 : 中央公论新社，1990 年。

康昊 :《神风与铜钱 : 海岛日本遭遇世界帝国 1268—1368》，上海 : 上海人民出版社、光启书局，2022 年。

康昊 :《瘟疫、饥馑与施饿鬼仪式——朝鲜“己亥东征”背景下日本的饥疫对策》，《海交史研究》2021 年第 2 期。

康昊 :《越境的金襕袈裟——中日唐物交流及其政治意义》，《海洋史研究》第 22 辑，2024 年。

堀川康史 :《今川了俊の探題解任と九州情勢》，《史学雑誌》125（12）号，

2016年。

刘军、王询：《明清时期中国海上贸易的商品：1368—1840》，大连：东北财经大学出版社，2013年。

刘晓东：《“倭寇”与明代的东亚秩序》，北京：中华书局，2019年。

马云超：《“寿安镇国”封山问题论考——永乐年间明日外交的一个侧面》，《中国区域文化研究》2021年第1期。

马云超：《“己亥东征”与15世纪前期的东亚外交博弈——以朝鲜王朝初期的对外政策为中心》，《江海学刊》2021年第5期。

马云超：《足利义满对明外交政策的调整：“日本国王源道义”成立之前》，《世界历史评论》2021年第8期。

马云超：《足利义持对明断交与其内外政策的联动——15世纪前期明日外交中断原因新探》，《外国问题研究》2023年第2期。

梅泽亚希子：《室町時代の北野万部経会》，《日本女子大学大学院文学研究科紀要》8号，2002年。

米谷均：《朝鮮国王李芳遠あて「日本国王」足利義満書契について》，《九州史学》188号，2021年。

木村拓：《朝鮮王朝の侯国的立場と外交》，东京：汲古书院，2021年。

平川新：《戦国日本と大航海時代》，东京：中央公论新社，2018年。

平瀬直树：《大内義弘：天命を奉り暴乱を討つ》，京都：密涅瓦书房，2017年。

平雅行：《出家入道と中世社会》，《大阪大学大学院文学研究科紀要》53号，2013年。

平雅行：《日本中世における在俗出家について》，《大阪大学大学院文学研究科紀要》55号，2015年。

平雅行：《鎌倉仏教の成立と展開》，《鎌倉仏教と専修念仏》，京都：法藏馆，2017年。

桥本雄：《室町日本の対外観：室町殿の「内なるアジア」を考える》，《歴史評論》697号，2008年。

桥本雄：《中華幻想：唐物と外交の室町時代史》，东京：勉诚社，2011年。

桥本雄：《日明貿易の「勘合」》，九州国立博物馆特展图录《室町将軍：戦乱と美の足利十五代》，2019年。

前田义明 :《北山第と北山殿の考古学研究の現状》，桃崎有一郎、山田邦和编 :《室町政権の首府構想と京都》，京都 : 文理阁，2016 年。

清水克行 :《室町時代の騒擾と秩序》，东京 : 吉川弘文馆，2004 年。

清水克行 :《大飢饉、室町社会を襲う ! 》，东京 : 吉川弘文馆，2008 年。

邱永志 :《"白银时代" 的落地 : 明代货币白银化与银钱并行格局的形成》，北京 : 社会科学文献出版社，2018 年。

屈广燕 :《元明嬗代之际中朝政治关系变迁研究》，北京 : 中国人民大学出版社，2021 年。

山田彻 :《室町領主社会の形成と武家勢力》,《ヒストリア》223 号, 2010 年。

山田彻 :《南北朝後期における室町幕府政治史の再検討 (下) 足利義満と斯波義将》,《文化學年報》第 68 号，2019 年。

山田彻 :《南北朝内乱と京都》，东京 : 吉川弘文馆，2021 年。

石田实洋、桥本雄《壬生家旧藏本『宋朝僧捧返牒記』の基礎的考察 : 足利義満の受封儀礼をめぐって》,《古文書研究》69 号，2010 年。

石原比伊吕 :《足利義持と後小松「王家」》,《史学雑誌》116 卷 6 号, 2007 年。

松永和浩 :《室町期公武関係と南北朝内乱》，东京 : 吉川弘文馆，2013 年。

檀上宽 :《明代海禁＝朝貢システムと華夷秩序》，京都 : 京都大学出版会，2013 年。

檀上宽 :《永乐帝 : 华夷秩序的完成》，北京 : 社会科学文献出版社，2015 年。

桃崎有一郎、山田邦和编 :《室町政権の首府構想と京都》，京都 : 文理阁，2016 年。

桃崎有一郎 :《室町の覇者足利義満 : 朝廷と幕府はいかに統一されたか》，东京 : 筑摩书房，2020 年。

藤原重雄 :《陳外郎関係史料集 (稿) · 解題 : 京都陳外郎を中心に》,《東京大学日本史学研究室紀要》2 号，1998 年。

田中健夫 :《対外関係と文化交流》，京都 : 思文阁出版，1982 年。

田中健夫 :《中世対外関係史》，东京 : 东京大学出版会，1975 年。

吴大昕 :《朝鲜己亥东征与明朝望海埚之役——15 世纪初东亚秩序形成期的 "明朝征日" 因素》,《外国问题研究》2017 年第 1 期。

万明 :《明代中外关系史论稿》，北京 : 中国社会科学出版社，2011 年。

王煜焜：《“正使”抑或“伪使”：16世纪中期的遣明使、倭寇与明、日通交的侧面考察》,《海交史研究》2021年第4期。

细川武稔：《京都の寺社と室町幕府》，东京：吉川弘文馆，2010年。

细川武稔:《足利義満の北山新都心構想》,《中世都市研究》15号，2010年。

下坂守：《中世寺院社会の研究》，京都：思文阁出版，2001年。

小川刚生:《足利義満の太上天皇尊号宣下》,《藝文研究》101(1)号,2011年。

须田牧子：《中世の日朝関係と大内氏》，东京：东京大学出版会，2011年。

叶少飞：《16至17世纪越南和日本古文书中的东亚世界秩序》,《元史及民族与边疆研究集刊》第39辑，2020年。

伊藤俊一:《応永~寛正年間の水干害と荘園制》,海老泽衷、高桥敏子编:《中世荘園の環境・構造と地域社会》，东京：勉诚社，2014年。

伊藤幸司、顾明源:《参与日明外交的被掳人——魏天和龙室道渊》,《东亚学》第2辑，2021年。

原田正俊：《春屋妙葩と夢窓派の展開》，鹿王院文书研究会编《鹿王院文書の研究》，京都：思文阁，2000年。

原田正俊：《中世仏教再編期としての一四世紀》,《日本史研究》540号，2007年。

原田正俊:《中世後期の国家と仏教》，载《日本中世の禅宗と社会》，东京：吉川弘文馆，2014年。

原田正俊：《相国寺の創建と足利義満と仏事法会》，桃崎有一郎、山田邦和编：《室町政権の首府構想と京都》，京都：文理阁，2016年。

原田正俊：《足利将軍の受衣・出家と室町文化》，天野文雄监修：《禅からみた日本中世の文化と社会》，东京：ぺりかん社，2016年。

早岛大祐：《首都の経済と室町幕府》，东京：吉川弘文馆，2006年。

早岛大祐：《室町幕府論》，东京：讲谈社，2010年。

早岛大祐、吉田贤司、大田壮一郎、松永和浩：《首都京都と室町幕府》，东京：吉川弘文馆，2022年。

郑洁西：《十六世纪末的东亚和平构建——以日本侵略朝鲜战争期间明朝的外交集团及其活动为中心》,《韩国研究论丛》第24辑，2012年。

赵莹波：《浅析明朝初期日本与朝鲜的“大藏经外交”》,《元史及民族与边疆研究集刊》第 34 辑，2017 年。

张梦瑶 :《15 世纪初日朝外交的多维镜像 : 以日僧圭筹、梵龄的使行活动为中心》,《当代韩国》2023 年第 4 期。

张雨雪、刘阳 :《从朝鲜对明文书看太祖李成桂的正位过程》,《延边大学学报（社会科学版）》2016 年第 1 期。

朱莉丽 :《明日交涉与日本对华观的流变 1368—1598》，济南 : 齐鲁书社，2021 年。

佐伯弘次 :《応永の外寇と東アジア》,《史淵》第 147 期，2010 年。

附录一　重要氏族系图

系图 1: 足利氏系图

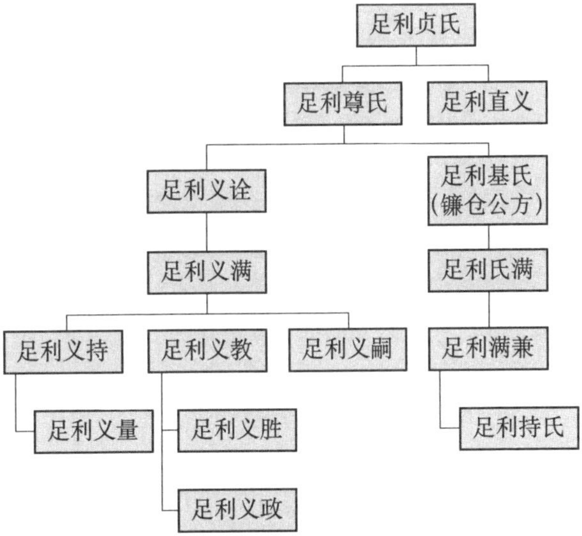

系图 2: 北朝天皇家族系图

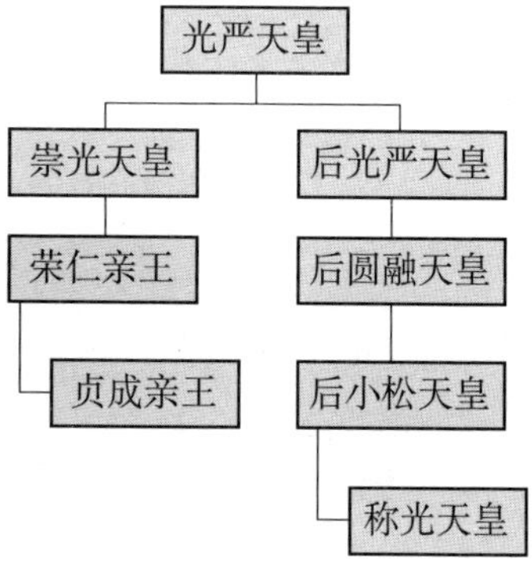

系图 3: 朝鲜国王系图

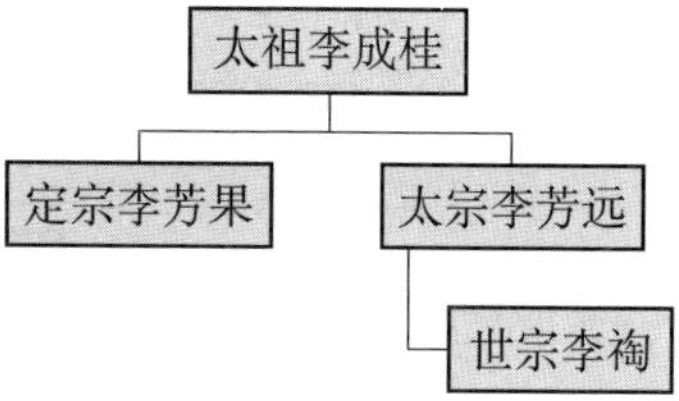

附录二　大事年表

公元	年号	天皇	将军	日本	东亚
1378	明朝洪武十一年 日本永和四年	后圆融天皇	足利义满	足利义满任右近卫大将。 足利义满迁居室町殿。	
1379	明朝洪武十二年 日本康历元年			康历政变发生，细川赖之下台，斯波义将任管领。 足利义满右大将拜贺仪式。 足利义满创设“山门使节”一职。	
1380	明朝洪武十三年 日本康历二年			兴福寺嗷诉。	燕王朱棣北平就藩。
1381	明朝洪武十四年 日本永德元年			足利义满任内大臣。 足利义满与后圆融天皇密谈。	
1382	明朝洪武十五年 日本永德二年	后小松天皇		足利义满任左大臣，计划修建相国寺。	
1383	明朝洪武十六年 日本永德三年			后圆融上皇殴打三条严子事件。 足利义满被授予准三宫之号。	
1384	明朝洪武十七年 日本至德元年			相国寺佛像点眼佛事。	
1386	明朝洪武十九年 日本至德三年			空谷明应任相国寺住持。	

续表

公元	年号	天皇	将军	日本	东亚
1388	明朝洪武二十一年 日本嘉庆二年			春屋妙葩入寂。	高丽禑王命李成桂发兵辽东，李成桂在威化岛回军，逼迫禑王退位。
1389	明朝洪武二十二年 日本康应元年			足利义满巡视本州岛西部，大内义弘上京。	
1390	明朝洪武二十三年 日本明德元年				燕王朱棣出兵漠北，俘北元太尉乃儿不花。
1391	明朝洪武二十四年 日本明德二年			明德之乱，山名氏大败。	
1392	明朝洪武二十五年 日本明德三年			南朝消亡，南北朝合一。 五山僧水陆法会，超度明德之乱死者。 相国寺佛殿完工，举行落成法会。 空谷明应被授予国师号。 足利义满建北野经王堂。 细川赖之去世。	善竹桥事件，高丽名臣郑梦周被杀。 李成桂建国朝鲜，高丽王朝灭亡。
1393	明朝洪武二十六年 日本明德四年	后小松天皇		相国寺七重大塔始建。 后圆融上皇去世。	
1394	明朝洪武二十七年 日本应永元年			足利义满辞去将军之位。	
1395	明朝洪武二十八年 日本应永二年			今川了俊被罢免九州探题。 足利义满辞太政大臣，出家，法名道有，后改道义。 足利义满迎请圆觉寺舍利入京。	表笺风波发生，朱元璋要求抓捕李成桂亲信郑道传。
1396	明朝洪武二十九年 日本应永三年			足利义满登比延历寺戒坛，延历寺举行讲堂供养法会。	
1397	明朝洪武三十年 日本应永四年		足利义持	足利义满营建北山第。 足利义满重启遣明使派遣工作。	
1398	明朝洪武三十一年 日本应永五年			大内义弘前往九州镇压少贰、菊池氏势力。 朝鲜使节朴淳之在大内义弘运作下会见足利义满。 镰仓公方足利氏满病逝，足利满兼继任。	明太祖朱元璋病逝，建文帝朱允炆即位。 李成桂重病，李芳远发动王子之乱，诛杀郑道传、李芳硕等。

续表

公元	年号	天皇	将军	日本	东亚
1399	明朝建文元年 日本应永六年	后小松天皇	足利义持	应永之乱发生，大内义弘败死。 相国寺七重大塔完工，举行大塔供养法会。	建文帝褫夺燕王爵位，燕王以“奉天靖难”之名起兵。
1400	明朝建文二年 日本应永七年				朝鲜第二次王子之乱，李芳远夺取政权。 白沟河之战，燕军大败李景隆部。 燕军进逼，围济南城。
1401	明朝建文三年 日本应永八年			足利义满以“日本准三后道义”之名派出遣明使团，正使祖阿，副使肥富。	建文帝册封李芳远为朝鲜国王。
1402	明朝建文四年 日本应永九年			建文帝使节抵达京都，在北山第册封足利义满。 朝鲜回礼使赴日。	燕军直扑京城，在灵璧之战中大败官军，六月进入南京，建文帝下落不明。 朱棣即位。 李芳远给访朝“日本国大相国”使团赐下礼物。
1403	明朝永乐元年 日本应永十年			相国寺七重塔烧毁。 建文帝使节返回明朝。 足利义满再次派出遣明使，正使坚中圭密。 朝鲜再派回礼使赴日。	“日本国大相国”使团再抵朝鲜。 朱棣决定派出赴日招谕使。 朱棣册封李芳远为朝鲜国王。
1404	明朝永乐二年 日本应永十一年			朱棣册封足利义满的使节赵居任、张洪、雪轩道成抵达日本。 足利义满派谢恩使赴明，正使明室梵亮。 足利义满以“日本国王源道义”之名遣使朝鲜。 朝鲜遣吕义孙为使赴日。	
1405	明朝永乐三年 日本应永十二年			明朝遣使赴日。 足利义满再派遣明使。 足利义满再遣使朝鲜。	郑和下西洋开始。 帖木儿死于东征明朝途中。

续表

公元	年号	天皇	将军	日本	东亚
1406	明朝永乐四年 日本应永十三年	后小松天皇	足利义持	明朝遣使赴日。 足利义满遣使朝鲜，求大藏经。	明朝出兵安南。 尚巴志灭琉球察度王统，篡夺中山王位，以其父尚思绍为中山王。
1407	明朝永乐五年 日本应永十四年			足利义满派出遣明使，正使坚中圭密。 明使抵达日本。 足利义满遣使朝鲜。	明朝徐皇后病逝。 明成祖朱棣诏命施进卿为旧港宣慰使。
1408	明朝永乐六年 日本应永十五年			后小松天皇访问北山第。 明使归国，足利义满派出遣明使，正使坚中圭密。 足利义满遣使朝鲜。 足利义满之子义嗣元服成年。 足利义满感染疫病离世。 足利义持遣使赴明报父丧，明朝遣中官周全为使赴日。 施进卿的商船抵达日本海小滨，献大象一头。	
1410	明朝永乐八年 日本应永十七年			朝鲜回礼使抵日，足利义持遣使报父丧。 明使周全抵日，册封足利义持为“日本国王”。 足利义持派出遣明使，正使坚中圭密，这是义持时期最后一次遣明使（1432 年重开）。 明朝以王进为使赴日。 斯波义将去世。 朝鲜使节梁需赴日。	朱棣第一次北伐。
1411	明朝永乐九年 日本应永十八年			足利义嗣叙正三位。 明使王进被足利义持拒绝，未能进入京都。 足利义持遣使朝鲜，求大藏经。	
1412	明朝永乐十年 日本应永十九年	称光天皇		南蛮船又至。	朱棣第二次北伐。
1413	明朝永乐十一年 日本应永二十年			朝鲜使节朴贲赴日，止于庆尚道。	

续表

公元	年号	天皇	将军	日本	东亚
1414	明朝永乐十二年 日本应永二十一年	称光天皇	足利义持	足利义嗣升正二位。 足利义持派使节圭寿赴朝鲜。 琉球使节赴日，此后，琉球船只频繁往来日本列岛。	
1416	明朝永乐十四年 日本应永二十三年			北山第七重塔被焚毁。 关东上杉禅秀之乱。	琉球北山灭亡。
1417	明朝永乐十五年 日本应永二十四年			明朝以吕渊为使赴日，次年再被足利义持拒绝，未能进入京都。	
1418	明朝永乐十六年 日本应永二十五年			足利义嗣被杀。 对马岛主宗贞茂去世。	李芳远禅位，李祹即位，是为朝鲜世宗。 倭寇袭击金山卫。
1419	明朝永乐十七年 日本应永二十六年			明使吕渊又至，被拒绝。 对马岛之役爆发，日本开始异国降伏祈祷。 足利义持对五山禅院发布禁酒令。 足利义持遣使朝鲜，处理对马岛之役的问题。	倭寇袭击朝鲜忠清道庇仁县。 朝鲜太上王命令李从茂清剿倭寇。 望海埚之战，明军剿灭倭寇。
1420	明朝永乐十八年 日本应永二十七年			足利义持再度发布禁酒令。 应永大饥馑，瘟疫爆发。 朝鲜使节宋希璟赴日。	
1421	明朝永乐十九年 日本应永二十八年			足利义持远赴伊势神宫，祈祷疫病、饥馑消退。 应永瘟疫平复。	明朝迁都北京。
1422	明朝永乐二十年 日本应永二十九年			足利义持遣使朝鲜。 朝鲜使节朴熙中赴日。	朝鲜太上王李芳远病逝。 朱棣第三次北伐。 尚巴志即位为琉球中山王。
1423	明朝永乐二十一年 日本应永三十年		足利义量	足利义持辞将军之位出家。 足利义持遣使朝鲜。	朱棣第四次北伐。
1424	明朝永乐二十二年 日本应永三十一年			朝鲜使节朴安臣赴日。	明成祖朱棣在第五次北伐漠北回程途中崩于榆木川。

守 望 思 想　逐 光 启 航

LUMINAIRE
光启

皇帝与国王：足利义满和他的时代

康　昊 著

策划编辑　薛　羽
责任编辑　罗梦茜
营销编辑　池　淼　赵宇迪
封面设计　广　岛

出版：上海光启书局有限公司
地址：上海市闵行区号景路 159 弄 C 座 2 楼 201 室　201101
发行：上海人民出版社发行中心
印刷：山东临沂新华印刷物流集团有限责任公司
制版：北京楠竹文化发展有限公司

开本：880mm×1240mm　1/32
印张：7.375　字数：156,000　插页：8
2025 年 9 月第 1 版　2025 年 9 月第 1 次印刷
定价：59.00 元
ISBN：978-7-5452-2045-2/K・26

图书在版编目 (CIP) 数据

皇帝与国王：足利义满和他的时代 / 康昊著 .
上海：光启书局，2025. -- ISBN 978-7-5452-2045-2

Ⅰ. K313.33

中国国家版本馆 CIP 数据核字第 2025U03Y65 号